JN198724

保育の質を高めて

「不適切な保育」を防ぐ！

─相談事例と園の取り組みから考える─

矢藤誠慈郎・関山浩司／著

はじめに

　ごく一部の保育者の「不適切な保育」が、保育関係者にとどまらず世間の耳目を集め、保育者全体への社会的な信頼を揺るがしかねないような現状は、誠実に保育に向き合っているはずの大半の保育関係者にとって非常に不本意なことに違いありません。

　「多忙化や人材不足や処遇の問題が『不適切な保育』をもたらす」というマスメディアなどの、あるいは保育関係者の言説が、保育者をめぐる一般的な問題に「不適切な保育」が結び付けられることで保育者一般が「不適切な保育」に向かう可能性を示唆してしまうという事態も、自身の専門性や職業倫理に誇りをもつ保育者にとっては忸怩たる思いではないかと推察します。

　そして、社会問題化した「不適切な保育」は、普通の良識を備えた多くの保育者に、それを「してはならない」、「未然に防がなければならない」、「身近で見聞きしたらどうすればいいのか」、「もしかして自分がしていることも『不適切な保育』とみなされてしまうのか」と不安を伴う問いを発生させ、保育者を萎縮させているように見えます。国や地方自治体などの行政機関は、職責上仕方がないとはいえ、それに拍車をかけるように「不適切な保育」を防ぐという観点からの研修などを進めていますし、それは必要でもあります。

　一方で、「不適切な保育」など恐れず、日々豊かな実践を楽しんでいる園も少なくありません。そうした園がなぜ「不適切な保育」を行わずにいられるのかという観点からも考えてみる必要があるでしょう。

　以上を踏まえて、本書では、「不適切な保育」がなんであり、いかに防ぐかという観点とともに、組織的に「保育の質を向上させる」ことが裏を返せば「不適切な保育」の抑止の有効な手立てとなるといった観点を示したいと思います。また園の具体的な取り組みに役立つように、取り組み事例や相談事例も集めました。興味をもった章から読んでみてください。

　「不適切な保育」によって一番困るのはこどもであるという当然の事実を出発点として、こどもの利益をより保障するために本書を活用していただければ幸いです。

矢藤誠慈郎

こんにちは。本書を手に取っていただきありがとうございます。こどもまんなか社会や世界において、おそらく同じような気持ちやなにかしらの葛藤などに直面してのことと思います。

　まずはこどもの立場から見て、一つ二つ御礼申し上げます。「せんせい、ありがとう」「せんせい、だいすき」「せんせいみたいになる」「ほいくえんがたのしい」「おてがみ、かいたよ」「これ、たからものどうぞ」「みてみてほら」「おおきくなったよ」

　保護者の立場から見て、一つ二つ御礼申し上げます。「ここまで本当にこどもをよくみてくれました。なんとお礼を言ったらいいかわかりません。○○園でよかったです。○○先生たちがいたからこそ、こどもは今の育ちを次の育ちにつなげることができました。今では私も、親として育つことが少しだけできた気がしております」

　保育者の立場から見て、毎日が尊くすごすぎます。「こどもやこどもたちにとって本当にいいことってなんだろう」「それはなぜだろう、どうするとよいだろう、なにをするとよいだろう」「この子はどうだろう、あの子はどうかな」などなど、ずっと頭の片隅や真ん中に、目の前の多彩で多様な現実に真摯に対峙しています。雨の日も風の日も、しんどい日もつらい日も、こどもの最善の利益、こどもたちの最善の利益、過去から現在そして未来に続くみんなの最善の利益を目指しているわけです。どうか自分自身の軌跡を振り返り、認め励まし、労い労わり、時に赦してあげてほしいなと思います。

　著者の一人の立場から見て、言葉を添えておきます。法令は守るより法令を超えようとするものではないでしょうか。指針や要領などもそれぞれの実情のなかで創意工夫を凝らす道しるべとし、今の在り様を超えようとするものではないでしょうか。こどもの最善の利益も同様に思います。こどもの最善の利益を探求するプロセスのなかに、こどもの最善の利益や保育の質の高まりを身近に感じることができる瞬間があるように感じます。そんなことをぼんやり思いながらいっしょに歩いていきましょう。

関山浩司

目次

〈本書に出てくる用語について〉

- 本書に出てくる「不適切な保育」は2023年5月こども家庭庁から発出された「保育所等における虐待等の防止及び発生時の対応等に関するガイドライン」に則り「虐待等と疑われる事案」と定義し表記します。
- 本書に出てくる「ガイドライン」は2023年5月こども家庭庁から発出された「保育所等における虐待等の防止及び発生時の対応等に関するガイドライン」を指します。
- 本書に出てくる「指針・要領」は「保育所保育指針」「幼稚園教育要領」「幼保連携型認定こども園教育・保育要領」を指します。
- 本書ではこども家庭庁の推奨に基づき、基本的にはひらがなで「こども」と表記をしています。固有名詞や既存の法律名・法律の条文等を記載するときは、必要に応じて「子ども」「子供」と表記することがあります。
- 本書に出てくる「保育者」は保育に携わる者のほか、看護師、給食担当者、事務担当者、用務担当者など、園にかかわるすべての職員を含みます。

1章

「不適切な保育」とは

国から発出されたガイドライン等を
おさえながら、「不適切な保育」とはなにか
ということやその背景を考えてみましょう。

「不適切な保育」を どう捉えるか

「不適切な保育」という 言葉が広まった出来事

　2022年11月、静岡県裾野市の私立認可保育園で3人の保育士が1歳児に対して、暴力行為を含む15項目にわたる不適切な保育を行っていたことが発覚しました。12月には保育士が暴行容疑で逮捕。また、園長は虐待を知りながら事実を隠ぺいしたとして、裾野市長は園長を告発する事態（現在は取り下げ）などが報道されるなかで「不適切な保育」という言葉が全国的に認知されることとなりました。

　実は報道前の2021年3月、厚生労働省より『不適切な保育の未然防止及び発生時の対応についての手引き』が発出されてい

ました。このことからもわかるように、国は以前からこの問題に注目していました。しかし、当時の認知度は低く、保育士による虐待行為、そして逮捕、という報道に衝撃を受け「不適切な保育」という言葉を初めて知った、という保育者も多かったのではないでしょうか。

報道された不適切な保育の内容

- ・カッターナイフでおどす
- ・逆さづりにする
- ・足をつかんで体をひきずる
- ・椅子にくくりつける
- ・弁当容器で頭をたたく
- ・「ブタ！」「あっちいけ」と罵る
- ・「顔面偏差値低いよね」などと話す

国によるガイドラインの発出

報道を受け、国による不適切な保育についての実態調査が行われることとなりました。そこから浮き彫りになったのは「不適切な保育」の実態を把握する難しさです。「不適切な保育」の定義が曖昧でイメージに幅があったため、少しでも気になる行為等は不適切な保育に当たると考え、多くの不適切な保育の事例を報告した園もあれば、虐待等と同義に捉え、事例は0件と報告した園もあるなどといったことが起きました。また、各施設や自治体が取るべき対応が整理されていないことが、必要な対応の遅れにつながるなどの課題も出てきました。

それらの声や調査結果を踏まえ、2023年5月こども家庭庁から「保育所等における虐待等の防止及び発生時の対応等に関するガイドライン」が発出され、「不適切な保育」の考え方の明確化と保育所等における虐待等の防止及び発生時の対応に関して、保育所等、各自治体に求められる事項等が整理されることとなりました。

また右記のような概念図を示し、「こどもの人権擁護の観点から望ましくないと考えられるかかわり」のなかに「虐待等と疑われる事案（いわゆる「不適切な保育」）」があり、さらにそのなかに「虐待等」があるということを示しました。

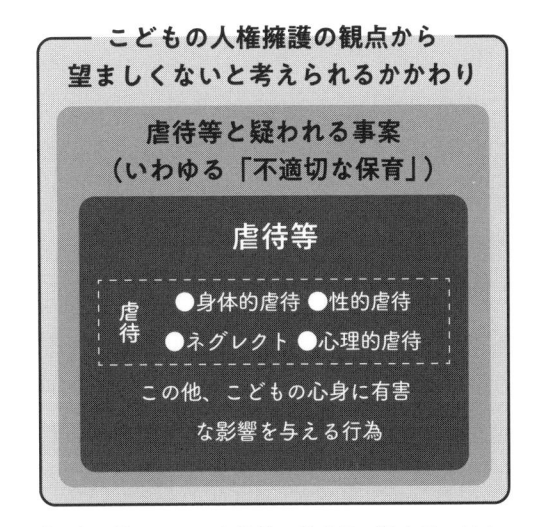

「保育所等における虐待等の防止及び発生時の対応等に関するガイドライン」令和5年5月 こども家庭庁「虐待等」と「虐待等と疑われる事案（不適切な保育）」の概念図をもとに作成

なお、このガイドラインでは「虐待等」の具体例が明記されましたが（P.14、15参照）、「望ましくないと考えられるかかわり」や「虐待等と疑われる事案（不適切な保育）」についての具体例は言及せず「今後議論を深めながら本ガイドラインの改訂には柔軟に対応していく」旨が添えられています。実際に今後の施策として、保育所等における不適切な保育に関する調査研究を踏まえ、虐待や不適切な保育の判断基準等について検討し、ガイドラインの見直しを行うことが予定されています。

「不適切な保育」を整理する

虐待

　自身の実践が「不適切な保育」になっていないかと萎縮したり不安になったりしないようにするためには、それがなにかを具体的に理解しておくことが有益です。

　まず、虐待がなにかについては、下記の「児童虐待の防止等に関する法律」第二条児童虐待の定義を参照してみましょう。これは保護者を想定して書かれていますが、保育者による虐待についても同様の理解が成り立ちます。

　こども家庭庁によると、保育者による虐待については、児童福祉法等を改正（令和7年施行予定）し、児童養護施設等、障害児者施設、高齢者施設の職員による虐待と同様の規定を設けることとしています。

　この法改正では、①虐待を受けたと思われる児童を発見した者の通告義務、②都道府県等による立入検査や業務改善命令等、③都道府県による虐待事案等の公表、④国による調査研究などの条項が加わることになっています。なお、②については、保育所の場合、都道府県又は指定都市・中核市が立入検査や業務改善命令等を行うとともに、子ども・子育て支援法に基づき市町村が立入検査や勧告・命令等を行うこととしており、都道府県と市町村が連携して対応することも想定しています。虐待は、保育の質を改善することによって対処するものではなく、直ちに通告すべき性質のものです。

〈児童虐待の防止等に関する法律〉

（児童虐待の定義）

第二条　この法律において、「児童虐待」とは、保護者（親権を行う者、未成年後見人その他の者で、児童を現に監護するものをいう。以下同じ。）がその監護する児童（十八歳に満たない者をいう。以下同じ。）について行う次に掲げる行為をいう。

一　児童の身体に外傷が生じ、又は生じるおそれのある暴行を加えること。

二　児童にわいせつな行為をすること又は児童をしてわいせつな行為をさせること。

三　児童の心身の正常な発達を妨げるような著しい減食又は長時間の放置、保護者以外の同居人による前二号又は次号に掲げる行為と同様の行為の放置その他の保護者としての監護を著しく怠ること。

四　児童に対する著しい暴言又は著しく拒絶的な対応、児童が同居する家庭における配偶者に対する暴力（配偶者（婚姻の届出をしていないが、事実上婚姻関係と同様の事情にある者を含む。）の身体に対する不法な攻撃であって生命又は身体に危害を及ぼすもの及びこれに準ずる心身に有害な影響を及ぼす言動をいう。）その他の児童に著しい心理的外傷を与える言動を行うこと。

良くないと考えられるかかわり

　平成29年に全国保育士会が作成した『保育所・認定こども園等における人権擁護のためのセルフチェックリスト〜「子どもを尊重する保育」のために〜』（平成29年3月作成、平成30年4月一部改訂。以下、チェックリスト）が出されています。

　このチェックリストは、保育の現場で働く保育者が、保育を行ううえで重要な「こどもを尊重する」ことや「こどもの人権擁護」についてあらためて意識を高め、自らの保育を振り返る機会として活用することを目的に作成されました。

No.	一日の流れ	「良くない」と考えられるかかわり	あなたの保育では？ チェック欄	より良いかかわりへのポイント
1	日中	集団行動をするための言葉がけをした際、言葉がけを聞かない子どもに「○○しないなら○○できないからね」と言葉をかける。	□していない □している（したことがある）	「○○しないなら○○できない」との言葉がけは、子どもたちに行動を強要するかかわり（脅し）です。子どもたちが自分自身で考え、行動する力を育むことができるよう、肯定的な言葉がけをして子どものやる気を育てていきましょう。
2	昼食時	ごはんをこぼした子どもに対して、床に落としたものを拾って食べるように促す。また、ほかの子どもが大勢いる前でそのことを指摘する。	□していない □している（したことがある）	衛生的でなく、大人は決してしないことを子どもに強要するべきではありません。また、ほかの子どもが大勢いる前での指摘は、「この子はいつもこぼしている」との先入観を子どもたちに持たせることにつながります。子どもたちが互いに尊重する心が育つよう、配慮しましょう。

出典：『保育所・認定こども園等における人権擁護のためのセルフチェックリスト〜「子どもを尊重する保育」のために〜』（平成29年3月作成、平成30年4月一部改訂）

　チェックリストでは、人権擁護の視点から「良くないと考えられるかかわり」を5つのカテゴリーに分け、実践場面に即して具体的に示しています。5つのカテゴリーは以下の通りです。

①子ども一人ひとりの人格を尊重しないかかわり

②物事を強要するようなかかわり・脅迫的な言葉がけ

③罰を与える・乱暴なかかわり

④一人ひとりの子どもの育ちや家庭環境を考慮しないかかわり

⑤差別的なかかわり

　このチェックリストは、保育を展開するなかで、自らがこどもや保護者への対応を振り返り、園の保育を組織的に見直したり「より良いかかわりへのポイント」を話し合ったりすることが可能です。また、チェックリストを活用して、虐待に至っていなくともそこに向かう可能性を含む「良くないと考えられるかかわり」を振り返るガイドとしても有効です。その際「なにをしないのか」ではなく「なにをしていくか」に意識を向けるとよいでしょう。

　虐待は突然あらわれるのではなく「質の低い保育」が「良くないと考えられるかかわり」となり、それが「虐待」への道筋になります。そして、それらははっきりと分けられるものではなく、グラデーションとなってつながっているのです。

資料 保育所等における、職員による こどもに対する虐待等

ガイドラインにより「不適切な保育」は「虐待等と疑われる事案」と定義づけられました。「虐待等」の具体例を確認しておきましょう。

身体的虐待

保育所等に通うこどもの身体に外傷が生じ、又は生じるおそれのある暴行を加えること。

- 首を絞める、殴る、蹴る、叩く、投げ落とす、激しく揺さぶる、熱湯をかける、布団蒸しにする、溺れさせる、逆さ吊りにする、異物を飲ませる、ご飯を押し込む、食事を与えない、戸外に閉め出す、縄などにより身体的に拘束するなどの外傷を生じさせるおそれのある行為及び意図的にこどもを病気にさせる行為
- 打撲傷、あざ（内出血）、骨折、頭蓋内出血などの頭部外傷、内臓損傷、刺傷など外見的に明らかな傷害を生じさせる行為   など

性的虐待

保育所等に通うこどもにわいせつな行為をすること又は保育所等に通うこどもをしてわいせつな行為をさせること。

- 下着のままで放置する
- 必要の無い場面で裸や下着の状態にする
- こどもの性器を触るまたはこどもに性器を触らせる性的行為（教唆を含む）
- 性器を見せる
- 本人の前でわいせつな言葉を発する、又は会話する。性的な話を強要する（無理やり聞かせる、無理やり話させる）
- こどもへの性交、性的暴行、性的行為の強要・教唆を行う
- ポルノグラフィーの被写体などを強要する又はポルノグラフィーを見せる   など

ネグレクト

保育所等に通うこどもの心身の正常な発達を妨げるような著しい減食又は長時間の放置、当該保育所等に通う他のこどもによる身体的虐待、性的虐待、心理的虐待に掲げる行為の放置その他の保育所等の職員としての業務を著しく怠ること。

・こどもの健康・安全への配慮を怠っているなど（例えば、体調を崩しているこどもに必要な看護等を行わない、こどもを故意に車の中に放置するなど）
・こどもにとって必要な情緒的欲求に応えていない（愛情遮断など）
・おむつを替えない、汚れている服を替えないなど長時間ひどく不潔なままにするなど
・泣き続けるこどもに長時間関わらず放置する
・視線を合わせ、声をかけ、抱き上げるなどのコミュニケーションをとらず保育を行う
・適切な食事を与えない　　・別室などに閉じ込める、部屋の外に締め出す
・虐待等を行う他の保育士・保育教諭などの第三者、他のこどもによる身体的虐待や性的虐待、心理的虐待を放置する
・他の職員等がこどもに対し不適切な指導を行っている状況を放置する
・その他職務上の義務を著しく怠ること　　　　　　　　　　　　　　　　　　　など

心理的虐待

保育所等に通うこどもに対する著しい暴言又は著しく拒絶的な対応その他の保育所等に通うこどもに著しい心理的外傷を与える言動を行うこと。

・ことばや態度による脅かし、脅迫を行うなど　　・他のこどもとは著しく差別的な扱いをする
・こどもを無視したり、拒否的な態度を示したりするなど
・こどもの心を傷つけることを繰り返し言うなど（例えば、日常的にからかう、「バカ」「あほ」など侮蔑的なことを言う、こどもの失敗を執拗に責めるなど）
・こどもの自尊心を傷つけるような言動を行うなど(例えば、食べこぼしなどを嘲笑する、「どうしてこんなことができないの」などと言う、こどもの大切にしているものを乱暴に扱う、壊す、捨てるなど)
・他のこどもと接触させないなどの孤立的な扱いを行う
・感情のままに、大声で指示したり、叱責したりする　　　　など

・このほか、「こどもの心身に有害な影響を与える行為」を含め、虐待等と定義します。
・個別の行為等が虐待等であるかどうかの判断は、こどもの状況、保育所等の職員の状況等から総合的に判断する。その際、保育所等に通う「こどもの立場に立って判断すべきこと」に特に留意する必要があります。
・これらの例は、「被措置児童等虐待対応ガイドライン」や「障害者福祉施設等における障害者虐待の防止と対応の手引き」等で示す例を参照し、保育所等向けにあくまで一例を記載しています。

「不適切な保育」が
なぜよくないのか

　「不適切な保育」は「虐待等と疑われる事案」であり、虐待への道筋になり得ることがわかりました。虐待はこどもの育ちにきわめて有害な悪影響をもたらします。

　こども家庭庁は、『子ども虐待対応の手引き』（令和6年4月改正版）において、虐待のこどもへの影響を示しています。それは、虐待を受けていた期間、虐待の態様、こどもの年齢や性格等によりさまざまではありますが、身体的影響、知的発達面への影響、心理的影響について、いくつかの共通した特徴が見られるとしています。

1 身体的影響

　打撲、切創（せっそう）、熱傷など外から見てわかる傷、骨折、鼓膜穿孔（せんこう）、頭蓋内出血などの外から見えない傷、栄養障害や体重増加不良、低身長などが見られる。愛情不足により成長ホルモンが抑えられた結果、成長不全を呈することもある。こうした子どもは、一時保護された後の短期間で大幅な身長の伸びや体重増加を示すことがある。

　身体的虐待が重篤な場合には、死に至ったり重い障害が残る可能性がある。

2 知的発達面への影響

　安心できない環境で生活することにより、落ち着いて学習に向かうことができなかったり、またネグレクトの状態で養育されることで、学校への登校もままならない場合がある。そのために、もともとの能力に比しても知的な発達が十分に得られないことがある。

　また、虐待する養育者は子どもの知的発達にとって必要なやりとりを行わなかったり、逆に年齢や発達レベルにそぐわない過大な要求をする場合があり、その結果として子どもの知的発達を阻害してしまうことがある。

3 心理的影響
ア：対人関係の障害

　子どもにとって最も安心を与えられる存在であるはずの保護者から虐待を受けることに

より、子どもは欲求を適切に満たされることのない状態となる。そのために子どもは、愛着対象（保護者）との基本的な信頼関係を構築することができなくなり、結果として他人を信頼し愛着関係を形成することが困難となり、対人関係における問題を生じることがある。例えば、対人的に不安定な愛着関係となって両価的な矛盾した態度をとったり、無差別的に薄い愛着行動を示す場合がある。また、保護者以外の大人との間に、虐待的な人間関係を反復する傾向を示すこともある。

イ：低い自己評価

子どもは、自分が悪いから虐待されるのだと思ったり、自分は愛情を受けるに値する存在ではないと感じたりすることがあり、そのため自己に対する評価が低下し、自己肯定感を持てない状態となることがある。

ウ：行動コントロールの問題

保護者からの暴力を受けた子どもは、暴力で問題を解決することを学習し、学校や地域で粗暴な行動をとるようになることがある。そのために攻撃的・衝動的な行動をとったり、欲求のままに行動する場合がある。

エ：多動

虐待的な環境で養育されることは、子どもを刺激に対して過敏にさせることがあり、そのために落ち着きのない行動をとるようになる。ADHDに似た症状を示すため、その鑑別が必要となる場合がある。

オ：心的外傷後ストレス障害

受けた心の傷（トラウマ）は適切な治療を受けないまま放置されると将来にわたって心的外傷後ストレス障害（PTSD）として残り、思春期等に至って問題行動として出現する場合がある。

カ：偽成熟性

大人の顔色を見ながら生活することから、大人の欲求にしたがって先取りした行動をとるような場合がある。さらには精神的に不安定な保護者に代わって、大人としての役割分担を果たさなければならないようなこともあり、ある面では大人びた行動をとることがある。一見よくできた子どもに思える一方で、思春期等に問題を表出してくることもある。

キ：精神的症状

反復性のトラウマにより、精神的に病的な症状を呈することがある。例えば、記憶障害や意識がもうろうとした状態、離人感等が見られることがあり、さらには強い防衛機制としての解離が発現し、まれには解離性同一性障害に発展する場合もある。

（参考）【マルトリートメント】諸外国では、「マルトリートメント」（不適切な養育）という概念が一般化している。諸外国における「マルトリートメント」とは、身体的・性的・心理的虐待及びネグレクトであり、日本の児童虐待に相当する。

出典：こども家庭庁『子ども虐待対応の手引き』（令和6年4月改正）

「不適切な保育」が起きる背景

「構造の質」が問題の本質なのか

　保育者の配置基準、保育の環境、保育経験年数、保育時間などの「構造の質」や、命を預かり社会を支えるエッセンシャルワーカーであるにもかかわらず賃金等の処遇が十分でない、職務が多様化し多忙であるなどの労働環境が、「不適切な保育」を生み出している要因であるかのように語られることがあります。保育の「構造の質」や労働環境は改善に向けて取り組んでいかなければならない重要な問題です。しかし、構造の質や労働環境が「不適切な保育」を招くというストーリーは本当でしょうか。

　社会学に「動機の語彙」（ミルズ）という概念があります。出来事の動機を説明するときに、その状況には実はあまりかかわりのない、外部にあるお決まりの語彙でその状況を説明し、それがあたかもリアリティーであるかのように社会に共有され、正当化されるといったことが起こります。

　日本の保育の構造の質は低い、保育者の処遇もよくない、それなのに多岐にわたる職務に追われておまけになにかあればクレームをつけられる。そんな状況で保育者がこどもを虐待するのも無理はない、という

ストーリーです。

　しかし少し考えてみればわかることですが、ではなぜ全国の大半の園では虐待がないのでしょうか。こどもの育ちのために保育の質の組織的な向上に積極的に取り組む園で虐待が起こらないのはなぜでしょうか。保育者は自分たちが大変だと、本来養護し、育ちを支える対象であるこどもを虐待してしまうという程度の倫理観しか備えていないのでしょうか。

　「そんなきれいごとで済むか」といった反論を受けることがありますが、「こんな状態ではこどもの最善の利益を保障できなくてもやむをえない」というマインドセットこそが虐待を許容する風土を醸成します。「いろいろ大変だしそこは国にもなんとかしてほしいけれど、それはそれとして、こどものために現状でできることをできるだけ努力して、一歩でも質の高い保育に近づけよう」という姿勢こそが、保育の質の向上へのベクトルを強固なものにし、虐待へと進んでしまうかもしれないベクトルを解消する有効な方法であるといえます。

アップデートされていない保育観

　現在、国が示している指針・要領等は、こどものありのままの思いや姿を尊重し、こどもが自ら環境に働きかける「遊び」を通じて、生涯にわたって学び、生きていく力の基礎を培うことを大切にしています。年齢ごとの発達の目安などにとらわれず、こども一人ひとりの発達や、個性や意思を尊重してかかわることを大切にすることが強調されています。さらに、こども基本法が制定されるなど、こどもの権利や人権が十全に尊重されることが保育のなかでも求められています。

　例えば給食について「完食することが望ましい」という考えが根強くありました。しかし、今の保育では「食べることが楽しいと感じられること」を大切にします。保育者がこどもの心身の発育・発達の観点から苦手なものにもチャレンジしてみることや食べられるようになることを期待するとき、こどもが自分から食べたくなるようなかかわりを大切にします。それがこどもの主体的なあり方を大切にした保育です。

　一方、いまの保育にアップデートできず、「給食は完食させるべき」という考え方のまま思考停止してそこから抜け出せないような園では、食べるのが遅いと叱責する、泣くこどもに無理やり食べ物を口に押し込む、といった、食が「嫌な経験」になったり、生命の危険につながったりするような保育が行われることになります。

完食させようとする

食べることが楽しい

「教育」と「支配」の混同

不適切な保育の報道などで、「しつけと思ってやった」「指導・教育の一環として行った」というようなコメントを見聞きします。そこには、「人を育てる」という行為と「支配する」という行為の混同が見られます。

人を育てる、つまり教育は相手の潜在的な力を引き出し、自ら育つことを支えることです。力や脅しによって相手を思い通りに動かそうとするのは支配であって教育ではありません。暴力は支配の延長上に発生するもので「教育」の延長上に暴力が存在するはずがありません。個人的な考え方として「叩いてでも言うことを聞かせること

が教育だ」と考えることはコンプライアンスに抵触するリスクを生みます。保育者という専門職にとってそのような考え方や方法の根拠となるものは存在しません。保育者は専門職であり、その拠り所として保育所保育指針、幼保連携型認定こども園教育・保育要領、幼稚園教育要領や、保育や発達に関して概ね合意されたさまざまな理論、また専門職倫理があるので、まずはそれを踏まえることが大前提です。

以下に、やや単純に過ぎますが、教育と支配それぞれのあり方とその帰結を対照して示したので、考える材料にしてください。

教育とは	支配とは
潜在的な力を引き出し、自らを育つことを支える	心理的なダメージを与えて無力化し、服従させる
理解し、安心させ、可能性や兆しを見つけ出して認め、信頼関係を築き、励ます	理解させ、怖がらせ、圧力を与え、不安にさせ、察することを求め、暴力に訴える
自ら考え、試行錯誤して学ぶことを促す	権力者がなにを求めているかを考え、言われた通りにすることを促す
自律的な人に育つ	他律的な人に育つ
ものごとをよりよくしていく人に育つ	ものごとを変えようとしない人に育つ
質の向上	質の低下
リスクの低減	リスクの増加

保育者としての専門性の問題

こどもの発達や特性への理解、保育スキル、また自分を抑制し、感情に振り回されない力等、これら保育者としての専門性が不足していることが「不適切な保育」が起きる重要な背景のひとつといえます。保育者としての専門性を磨いていれば、発達途上のこどもの姿や言葉などについて、そのこどもの発達過程を踏まえた専門的な視点でこどもを捉えることができ、個人の誤った考えや感情的にならない的確なサポートや対処が選択できます。

しかし、専門性が不足していると、こどもの姿や言葉を単なるわがままと捉えたり、言う通りに動かないことに立腹したりして、心身に罰を与えてこどもを無力化して従わせるという目先のコントロールに走ってしまうのです。

専門家は、確かな根拠に基づいて職務上の行為を選択し、それを説明できます。個人の勝手な感情や思い込みや好みで行為を選択しているなら、それは専門家ではありません。

組織風土の問題

人の判断や意思決定はたいていの場合、環境に影響されます。そうであるなら、園を、適切な判断ができる組織風土にしていく必要があります。こどものできていない点を探して嘆いたり、こどもを蔑んだり貶めたりすることなく、こどものよさを見つけては楽しく語り合う園にしていかなければなりません。

組織風土のあらわれのひとつが人間関係ですが、専門家に求められる人間関係は、お互いの顔を見ながら気づかい合うような関係性ではなく、こどもの最善の利益や育ちを共通の目的や目標として共通の目標という同じ方向に目を向けて、知恵や力を出し合い、学び合い、支え合うような関係性であり、それを「同僚性」と呼びます（詳しくはP.52）。

互いの関係性の維持が優先される組織では、「共同歩調主義」がはびこって保育の質の組織的な向上がなされず、「相互不干渉主義」によって同僚の不適切な保育は「見て見ぬふり」をされて、こどもの利益は後回しになります。仮にだれかが訴え出ても、訴え出た人が不利益を被ることすら起こって、ますますだれもが目をつぶり、こどもの不利益が園全体に広がってしまいます。同僚性がゆきわたる組織としていくことで、こどもも保護者も保育者も幸せに過ごせる園の風土が醸成されていきます。

「不適切な保育」に対し保育の場はどうするべきか

保育の質の向上により「不適切な保育」を防ぐ

　「不適切な保育」に対し、「〜してはならない」というアプローチだけで防ごうとすることがよいのか、あるいはそれが有効なのか、少し考えてみる必要があります。保育には養護的側面（生命の保持と情緒の安定）と教育的側面（発達の援助）があります。身体の安心・安全と心の安心・安全である養護が基盤となって、学びへの挑戦が生まれる、つまり「安心と挑戦の循環」が目指されています。こうした保育実践の質（プロセスの質）をよりよいものにしていくこと、つまり保育の質を向上させることが「不適切な保育」が起こる可能性を減らすのではないでしょうか。

　「〜してはならない」と萎縮するのではなく、「〜してみよう」とよりよい方向へのささやかな変化に積極的に取り組むことが有効です。先に述べた、

「不適切な保育が起きる背景」の逆をいけばよいのです。保育の質を高め、チームワークを培っていくのです。そしてこの2つは連動します。質を高めようと組織的に努力していれば、質が低くなることは起こりにくくなりますし、そうなれば虐待等を含む「不適切な保育」へと進んでしまうということが起こるリスクを大いに低減することができます。

　そうした取り組みのより詳しい考え方と方法については、3章で提案してみたいと思います。

起きてしまったときの備えが必要

　ここまで提案してきた取り組みによって「不適切な保育」が起きるリスクは低減されるとはいえ、ゼロにはなりません。特定の保育者の無知や身体的・精神的不調や悪意を事前に察知し防ぐといったことが難しいケースもないとはいえないでしょう。

　保育の質を高める方策とともに、万一「不適切な保育」が起きた際に、どのように対処していくべきかを確認しておく必要があります。2章『「不適切な保育」が起きたときの対処』で詳述しますが、ここでは、最も重要な点だけを指摘しておきたいと思います。

　それは、こどもの発育・発達やこどものあらゆる意見（様子や心情、意欲、態度などの内外にあらわれる多様な表現などを含む）やこどもの最善の利益を考慮するということです。

　「不適切な保育」が起こると、園もそこにいる人々もダメージを受けます。しかし、最も考慮されるべきは、園でも保育者でもなく、こどもの保護と利益です。一番困っているのは被害を受けたこどもです。「不適切な保育」をなかったことにしたり隠したりといったことがあると、いつか発覚したときに、虐待があったということだけでなく、それを隠ぺいしようとした園のあり方と、リーダーの信用の失墜、それを傍観した保育者の責任と後悔といった何重ものダメージを受けることになります。

　初動において、こどもの保護と利益を第一に考慮することは、もちろんまずはこどものためですが、こうしたシンプルに倫理的に正しい方向性は園と保育者を救うことになり、保護者の信頼の崩壊をある地点で留めることにつながります。

「叱る」ことは本当に必要か

　個人の感情として「怒る」のではなく、保育の方法として「叱る」のだといった、「怒る／叱る」の議論がありますが、どちらも不要ではないでしょうか。『「叱れば人は育つ」は幻想』（村中直人／PHP新書）は、「叱る依存」という観点も踏まえて叱ることのデメリットを説明しています。

　「叱らなければ、きちんと育たない」「叱らない指導者・教育者はだめだ」このような考え方はいまだに社会のいたるところに存在します。しかし村中氏によると近年、「叱る」という行為の効果は大してないうえに弊害は大きいということが、科学的知見から明らかになっているというのです。

　人は恐怖や不安を感じると、脳内で防御システムが作動するため、その場から早く逃れようとする心理が働きます。そうして叱られることで発生するネガティブな感情から逃れたい一心で叱る側から言われた行動を行います。しかしそれは単なる「苦痛からの回避」であるため、「学び」や「成長」にはつながりにくいのです。そのため叱られた原因を自分で考えたり、適切な行動や判断を考えることはなく、結局は望ましくない行動を繰り返したり、叱られると思うことを隠したりするようになるというのです。

　では、こどもが悪いことをしたらどうするのか。そんなときは、真剣にこどもに訴えかけましょう。こどもと保育者との間に確かな信頼関係が成り立っていれば、自分の大好きな先生が真剣に伝えているということは、きっと重大なことなのだろうとこどもの方からわかろうとする気持ちが生まれます。それは甘やかすということではなく、してよいこととよくないことを自ら考えられるこどもに育てるということです。

2章

「不適切な保育」が起きたときの対処

「不適切な保育」が起きたとき
どのような対処を行えばよいのか、
実践的な対応や対処の方法をおさえておきましょう。

問題は一人で抱え込まない

　不適切な保育が起きたとき、もしくは不適切な保育かもと感じたとき、どのような立場であっても共通する基本的な考え方が2つあります。1つ目は「一人で問題を抱え込まないこと」。2つ目は「こどもの立場に立ってその問題に向き合うこと」です。

　一人で問題を抱え込むことは、どのような立場でも苦しいため、問題をなかったことにしてしまおうとすることがあります。最悪の場合、気がついたら自分も同じようなことをするようになっていたという事態にもなりかねません。そのようなことにならないためにも「一人で問題を抱え込まない」ということを忘れないでください。もしも園に相談したにもかかわらず、園が組織的に事実確認をしなかったり、適切な対応を行わなかったりした場合であっても、

不適切な保育の発見者は一人で抱え込まずに速やかに自治体に設置されている相談窓口や担当部署に相談することが重要です。なお、公益通報者保護法第5条には、公益通報をしたことを理由として、降格、減給その他不利益な取扱いをしてはならないと規定され、通報者を守ることが定められています。

　また、こどもの立場に立つことを忘れてしまうと「正当化」しようとしたり「自分の立場」を守ろうとする保身が働いてしまったりすることも少なくありません。そうならないためにも、「こどもにとってどうなのか」「こどもを主語にしたらどうなのか」という観点はどのような立場であっても忘れずにもっておくことが必要です。

「不適切な保育」が起きたとき 園が行う基本的な流れ

　「不適切な保育」がもし自園で起きてしまったとき、どのように対処すればいいのか戸惑い、初期対応を誤って事態を深刻化させてしまうということもあります。そういった事態を避けるためにも「もしも」のときに備え、基本的な流れや対応の方法を確認しておきましょう。対応の際は、記録をすることを重視しましょう。記録を充実させることが、職員やこどもを守ることにつながります。

① 事実関係の整理・記録 （詳細はP.28）

不適切な保育についての相談を受けたり、疑わしい状況があったりした場合、園長等が相談者や園内関係者、行為者などから聞き取り、記録をします。緊急性がある場合も想定しながら事実関係の整理・記録を進めていきます。また、事実関係の整理・記録を進めるなか、自治体等と情報の共有が必要です。

② 確認 （詳細はP.34）

事実関係の整理・記録ができたら、不適切な保育に該当するかを確認します。また、管轄の自治体にも相談します。

③ 事後対応 （詳細はP.36）

不適切な保育や虐待等に該当するかを確認したら、行為者や職員、保護者への説明やこどもへのケア等を行います。また、こどもの最善の利益に資するように説明責任を果たしながら、現状の問題とこれからの課題に向き合います。

④ 再発防止 （詳細はP.42）

不適切な保育や虐待等が二度と起きないように再発防止策を講じます。信頼関係の再構築に努め、園全体で改善に取り組み、保育の質を保障していくことが必要です。

① 事実関係の整理・記録

相談者の話を聞き、記録する

　不適切な保育が行われているという相談があった際、まずはその状況を把握するため、情報をもった相談者の話をよく聞き、記録します。その際相手が話しやすいようにうなずいたりあいづちを打ったりするなど、傾聴の姿勢を示すことです。真偽がわからない状況であっても、話を遮ったり、話の途中で否定をしたりしてしまえば、相談者は話そうとする意欲を失ってしまいます。

　また、相談者が感情的になっているときは、その状態に流されることなく落ち着いた気持ちで話を聞くことも必要です。なお、

録音・録画を行う場合には相談者に目的を伝え、事前に同意を得てから行います。

> ### 事実関係の整理・記録のために 相談者に確認すること
>
> □だれが、だれに、なにをしたのですか?
> □いつ、どこで行われたのですか?
> □いつから、どのくらいの頻度で行われているのですか?
> □声の大きさや力の強さなどはどのくらいですか?
> □その言動が行われた状況や背景はわかりますか?
> □その言動をされたこどもの様子はどうでしたか?
> □周りにいたこどもの様子はどうでしたか?
> □あなたのほかに、だれがいましたか?

緊急性がないかを判断する

　情報を把握していくとき、まずすべきことは緊急性があるかどうかの確認です。緊急性がある場合というのは、こどもの生命や心身の安全、健康に危険が及ぶような状態であり、暴行や傷害、性的加害など犯罪行為に該当する状態を指します。このような可能性がある場合、まずはこどもの安全確保が最優先事項です。

　もし情報の不足等で緊急性の程度を判断できない場合であっても、重点的に見守る、見守りの目を増やす(既設の防犯カメラのほか、臨時的に設置した見守りカメラ

やICレコーダーなどを含む)、こどもの安全が確認できるまで行為者を一旦こどもがいる保育の現場から離す、といった対処もあります。

　状況の深刻度というのは施設職員だけでは判断できないこともあります。その状況の深刻度をいっしょに判断し、対応していくためにも自治体や関係機関に協力を仰ぎましょう。自治体等と情報を共有・相談するなかで自治体等が指導監査等を行い、事実関係の確認を行うこともあります。

園内関係者の話を聞き、記録する

　ここでいう関係者とは、不適切な保育を疑われた行為者以外の職員を指します。事実を正確に把握するために、行為者の前に話を聞き、記録します。また、聞き取りに入る前に「不適切な保育に関する事実確認を行いたい」という目的や趣旨をていねいかつ明確に伝えましょう。また、本人の許可がない限り、だれがなにを回答したかを他人に言うことはないこと、知っていること・知らないことを話す職務上の責任があること、秘密は守られること等を伝えます。そうすることで、安心して話をすることができます。

　関係者に話を聞く際「決めつけないで話を聞く」ということが鉄則です。また、ことの重大さにもよりますが、できれば全職員に同じ質問をして聞き取りと記録を行うことで、より客観的で正確な事実が浮き彫りになる可能性が高まります。

　話を聞いていくなかで不適切な保育の事実を知っていた保育者がいても、「なぜ知っていたのに注意をしなかったのか」などと相手を責めず、この段階では事実関係の整理・記録に徹するようにします。

聞き取りにあたって
関係者に事前に伝えること

□ だれがなにを回答したかについて、秘密は守られます。知っていることや思っていることを正直に答えてください

□ 職員間や園の内外で「なにを話したか」や「なにを聞かれたか」など、聞き取りについての詮索をしないでください

□ 園全体で改善に取り組んでいくため、組織的な課題について気づいたことを教えてください

□ 回答者に不利益な取り扱いはしません。安心して答えてください

□ 協力してくれてありがとうございます。こどもの最善の利益につながるように力を合わせましょう

関係者へ事実関係の整理・記録の
ための質問内容

□ 不適切な保育が行われているのを見た
　→見た場合は、いつ・どこで・だれが・だれに

□ 不適切な保育が行われているのを聞いた
　→聞いた場合は、いつ・どこで・だれから

□ 不適切な保育と疑われる言動をしたことがある
　→したことがある場合は、いつ・どこで・だれに

□ 事実を知っていた場合、事実の経緯、背景、こどもの反応、自身の対応、そのときどう思ったか

□ 今回の事実の背景や組織的な課題について思ったこと

行為者の話を聞き、記録する

行為者の話を聞く際の注意点として「ジャッジをしない」、また、話を聞いているときは「主観は入れない」ということがあげられます。あくまで事実のみを捉えることを重視します。

事実関係の整理・記録の目的は善悪を決めることではなく、なにが起きたのかを知ることです。そのような話をしている際に、相手を否定したり非難したりするようなジャッジをすれば、話をしている方は自分を守ろうとする心理が働き、主観で話そうとします。事実を正当化する、話さない、ねじ曲げる、隠す、うそをつくなどして、結局事実がわからなくなる事態に陥りかねません。

事実関係の整理・記録をするためには、起きた出来事の文脈をつかむ必要があります。なにがあって不適切な保育が疑われる事態に至ったのか、その前後を把握することが必要です。そのため、5W1H（いつ・どこで・だれが・なにを・なぜ・どのように）を整理でき、起きたことの全体像や流れをつかむために質問を整理して記録できるようにしておきましょう。

事実関係の整理・記録のために行為者に確認すること

□相談のような言動に覚えはありますか？

□いつ、どこで、だれに、なにを行ったのですか？

□いつから、どのくらいの頻度で行ったのですか？

□声の大きさや力の強さなどはどのくらいですか？

□なぜその言動を行ったのですか？　状況や背景を教えてください

□その言動をされたこどもの様子はどうでしたか？

□周りにいたこどもの様子はどうでしたか？

□その後どうしましたか？　どうなりましたか？

□あなたのほかに、だれがいましたか？

□今の気持ちを教えてください

対象となったこどもの話を聞く・様子を見る

こども基本法第3条には、「こども本人の意見を尊重し、その最善の利益を優先して考慮すること」が基本理念として謳われています。不適切な保育の判断においても、こどもの意見（気持ちや意向などを含む）を聞いたり、しぐさや表情、様子などを見たりして、考慮することが必要です。残念ながら、こどもはどのような発言をしたのか、表情はどうだったのか、なにか表現はしていなかったのかが書かれている記録や報告はあまりなく、こどもの視点に立ったり、こどもの声を聞いたりする機会の少なさを感じます。

こどもから話を聞く際は、こどもがリラックスできるような雰囲気や場所、タイミングに配慮しましょう。また、こどもと信頼関係が築けている職員が話を聞くことが大切です。こどもが言った言葉をそのままオウム返しすると「この人は味方だ」と安心感をもつことにもつながるので、話を聞くうえで意識して行うとよいでしょう。

また、こどもに「わからない」と言ってもいいということをあらかじめ伝えておきましょう。なぜならば、質問する大人が誘導しているつもりがなくてもこどもは「わからない」と言えずに違うことを言ったり、選択肢として示された答えをそのまま言ってしまったりするからです。そのため、こどもの言語的な発達の水準も理解し、なる

べく短くシンプルな問いで、オープンクエスチョン（回答の範囲を制限しない質問）になるように意識して聞き取りを行う必要があります。

加えて、こどもの言語能力や発達段階に配慮し、言葉のやりとりだけでなく表情やしぐさや態度など、非言語的なサインに注視することも大切です。

複数の大人が何度も話を聞き出そうとしたり、強引に話を聞き出そうとしたりするようなことはこどもの心理的負担からトラウマを生じることもあるため、避けるようにしましょう。

対象となったこどもの話を聞くときの声かけ内容例

□○○ちゃん、今お話していいかな
□○○ちゃんは園でなにをするのが楽しいかな
□○○ちゃんは先生に話したいことはあるかな
□○○ちゃんは先生になにかしてほしいことはあるかな
□○○ちゃん、話してくれてありがとう
□またお話しようね、いつでもいるからね

自治体や関係機関との情報共有

　ガイドラインにも示されているように、不適切な保育の疑いや相談があった際、速やかに自治体等に設置されている相談窓口や担当部署に情報提供・相談を行い、助言や指導を仰ぎ、記録を残しながら今後の対応について協議をする必要があります。事実関係の整理・記録の最中であっても早めの報告や相談を行うことで、リスクを最小限に抑えることにつながります。

　現状の問題として、不適切な保育の疑いがあったとしても自治体等に相談・報告をすることなく、事実を整理した記録もなく、園のなかだけで処理をしているという事態が散見されます。なかには不適切な保育が疑われている職員を辞めさせて、なにもなかったことにするケースもあります。しかし後に、不適切な保育を疑われた職員や他の職員、また保護者などからの声で発覚すれば、かえって問題が大きくなるうえ、園の信頼が下がったり、こどもが混乱してしまったり、ということも少なくありません。

　おおごとにしたくない、厄介なことにしたくない、という心理が働くのかもしれませんが、広い視野で見たとき、早めに相談や報告をすることが結果的にリスクを最小限に抑え、職員・こども・不適切な保育を疑われた職員を守ることにもつながります。

　自治体と園は指導する側・される側の関係であると従来は思われてきましたが、現在ではいっしょに課題を解決し、こどもの最善の利益や保育の質を念頭に保育をともによくしていくパートナーという関係になっています。イメージを転換して、情報を共有し、解決していくようにしましょう。

相談できる関係機関の把握

不適切な保育が疑われる事態に直面した際、相談できる関係機関を把握していなかったために、初期対応が遅れることがあります。

園内で怪我に備えて病院や消防など関係機関のリストがあるように、自園でも不適切な保育が起こるかもしれないという前提で、相談できる関係機関を事前に確認しておく必要があります。連絡網のひとつに相談できる関係機関先を入れておきましょう。

また、保育施設の種別により管轄が異なるため、相談したものの受け付けてもらえ

ず、たらい回しにされ、あきらめてしまったということもあります。このようなことにならないように「施設種別ごとの関係機関」（P.44掲載）を参考に自園の関係機関を整理しておきましょう。

自治体や関係機関側から連絡がくることも

「不適切な保育」の通報は、園に直接ではなく自治体や関係機関にされることもあります。その場合、自治体や関係機関から園に連絡が入り、事実関係の確認や記録の有無、調査の要請がくる流れとなります。

その際、まずは自治体や関係機関からの連絡内容を正確に把握するように努めましょう。具体的になにが問題とされているのか、どのような事案が疑われているのかを確認し、連絡があった日時、内容、担当者の名前を記録しておきます。そうして基本的な対応の流れである「事実関係の整理・記録」を行います。情報を共有する際は、当然ですが隠ぺいや改ざんなどは行わず、開

かれた姿勢で対応しましょう。知っていることは答え、知らないことは知らないと答え必要な情報を誠実に提供します。「まさかうちの職員に限って、そのようなことはありません」など、最初から拒否的な対応にならないよう冷静な対応を心がける必要があります。

もし自治体や関係機関とのやりとりが難航した場合は、弁護士や保育関連団体などの独立性・中立性・専門性を備えた信頼できる第三者に相談し、自治体や関係機関との応対をサポートしてもらうことも考えられます。

② 確認

独断的な確認は行わない

事実関係の整理・記録を行ったら、その結果をもとに、こどもの最善の利益の観点から不適切な保育かどうかを確認します。

その際は、ガイドラインに示された虐待の具体例と照らし合わせて、「不適切な保育」＝「虐待等と疑われる事案」か確認します。

ガイドラインに示された虐待の具体例はあくまで一例であるため、こどもの立場に立ってこどもの心身の育ちに有害な影響を与える行為でないかを推認して確認します。

確認の際は、こどもや職員の状況や背景、経緯などを踏まえて総合的に確認しますが、特に留意することはこどもの立場に立って確認することです。迷った場合は自治体に積極的に相談することが、ガイドライン上でも推奨されています。

なお、2025年度以降にガイドラインの見直しが予定されています。見直しにより、より具体的な基準が示される予定であるため、そちらの動向も注視しながら、引き続き保育の質の向上を高めていきましょう。

「不適切な保育」に該当する　「不適切な保育」に該当しない

不適切な保育に該当しないと確認したときは？

　検討の結果、法的基準や行政指導に従っており、かつ保育内容の適切性やこどもの最善の利益の観点などを総合的に考慮し「不適切な保育」ではないという結論が出たとします。その際も独断と偏見で結論付けないよう、記録をもとに正確に自治体に報告し、最終判断を共有する必要があります。

　また、不適切な保育に該当しないという結論に至った経緯は、聞き取った内容や客観的な証拠などとともに整理して一連の記録をまとめ、後から見返したり第三者が検証したりする際の資料になるよう保管しておきましょう。

　保護者や関係者へ話す際は、不適切な保育に該当しないと確認した根拠を明確にして説明を行います。具体的な根拠をもとに説明することで、信頼関係の維持・回復が期待されます。もし保護者が不安を抱えている場合は、その心配事に寄り添った対応が求められます。

　不適切な保育に該当しないと確認してからも、こどもの様子は観察を続け、問題がないか不安を感じていないかなどを確認していきましょう。

　当然ですが不適切な保育でなかったから「適切な保育」をしているとはいえません。指針・要領等の法令を根拠として、そこに示されているようなこどもの姿がたくさん見られるような保育を目指していくことが「適切な保育」に近づいていく第一歩といえます。また、不適切な保育ではないと確認された場合でも、指摘があった背景にはなんらかの問題や課題が潜んでいることがあります。そのため、保育の見直しや改善、保護者や関係者からのフィードバックをもとに、保育環境やこどもへのかかわり、一人ひとりのこどもの発達の理解、一人ひとりのこどもの興味関心や好みの広げ方や深め方、職員間のコミュニケーションなどを見直します。また、今後の誤解やトラブルを防ぐため、苦情対応のフローや記録の仕組みを整えましょう。この出来事をよりよい保育を目指す機会と捉え、日々の保育やこどもの様子を振り返り、園全体で持続的・組織的に取り組んでいくことが重要です。

③ 事後対応

行為者への説明

　事実関係の整理・記録をして不適切な保育に該当するか確認を行ったら行為者への説明を行います。説明を行うときは行為者が行った言動や客観的な事実のみを取り上げ、行為者の人格には触れません。

○どの行為が「不適切な保育」に該当したか

　園の就業規則やガイドライン等に基づき、なぜその行為が不適切であったのかを事実と根拠をもとに説明します。これにより単に個人的な意見ではなく、組織としての方針に沿った判断であるということを理解してもらえるでしょう。「○○先生が悪い」ではなく「このような行為が適切ではなかった」といったように、具体的な行動に対しての指摘や改善点を示すようにしましょう。

○どう改善をしていくか

　改善の意思や具体的な見込みがあるときは行為者とともに今後どのような改善ができるのかをいっしょに考えていくことで、行為者である保育者が前向きに取り組みやすくなります。その際一度の説明で終わらせず、改善が見られているか定期的に確認を行います。

○処分

　行為者への処分は園の就業規則に定められた懲戒事由及び客観的な事実や記録に基づき、事案の深刻さや事情、組織的な取り組みの不備、行為者の意思や態様などを考慮して行われますが、一般的には次のようなものがあります。

・戒告、譴責（けんせき）、訓告

　こどもの人権擁護の観点から望ましくないと考えられるかかわりや不適切な保育を行ったが、すぐに振り返りをし、その場で改めた場合など。

・減給、出勤停止、配置転換、降職、降格

　不適切な保育を繰り返し行っていたり、こどもの心身の安全や権利に有害な影響を与えたと客観的に推認されたりする場合など。

・諭旨解雇、懲戒解雇

　明らかな歴然たる虐待等を行っていた場合や改善が見込めず深刻な場合など。

　行為者の処分を検討する際は、過去に行われた処分内容を参考にしつつ、園の就業規則に定められた懲戒事由に基づいているか、世間の常識や見解に照らしてその処分が妥当であるか、個人に責任を転嫁したり、不当な不利益を一方的に与えるものではな

いか、組織的な取り組みの進展の具合や組織的な問題や課題はなかったかなど、よく精査することが必要です。また、行為者の

処分に当たっては、指導した具体的内容や履歴がわかるようにすべて記録に残します。

全職員への説明

事実関係の整理・記録、確認が行われた後、正確な情報を全職員へ説明します。その際、「なぜ」（組織的な要因も含めた真因）がわかり、納得できるような説明が必要です。

○正確な情報を伝える

事実確認の聞き取りなどで「なにかあったんだろうけど、なんだろう」と憶測が広がりやすい状態になっています。まずはきちんとした説明をすることで、そのような状態から噂が広がることを防ぎます。管理職など責任者が複数回に分けて応答的に説明するなど工夫する必要があります。

○今後の方針を具体的に示す

短期・中長期の方針（考え方）をそれぞれ示し、「どうなっていくのか」がわかる見通し（動き方）を伝えます。例えば、保育指針・保育理念・保育方針・保育方法・指導計画・就業規則などを再確認し、修正や補強すべきところは職員間で話し合います。また、事業計画へ明確に問題・課題として位置付けて組織目標を設定し、年間研修プログラムや保育マニュアルの見直しな

ど、一致団結して行動できることを共有します。

○こどもへの配慮を確認する

こどもの様子をよく観察し、職員同士や管理職へ報告・連絡・相談を行う、など、保育の信頼性の回復や、より望ましい保育の維持に努めます。。

○今後の対応を共有する

だれでも安心して情報提供や相談ができる窓口を設置し、気づいたことや相談したいことがあれば話してほしいことや職務上その責任があることを伝えます。また、保育者としての守秘義務を守り、不適切な保育や対象となったこどもの情報などをむやみに口外しないこと、今後も自治体や関係機関による調査・捜査がある際には真摯に協力してもらいたいことを伝えます。特に管理職はいずれも受け身で待つばかりではなく、実際に見たり、聴いたり、動いたりなど積極的に働きかけます。

対象になったこどもの保護者への説明

　不適切な保育であると確認されたとき、園は他の事故と同様に保護者に報告を行う説明責任があります。

　説明に先立ち、まず被害にあったこどもを全力で守ること、被害にあったこどもと保護者の意向を最大限に尊重することを保育者間で確認し合います。

　謝罪は対面や口頭で行うことが基本ですが、重要な場合は書面も併用します。説明を行う場は適切に設定し、プライバシーに配慮しましょう。

　説明をするときは憶測の話は避け、情報を整理し事実を正確にていねいに伝えます。その際なにかを隠したり誇張したりせず、事実や記録に基づいてなにが起きたのかを具体的に説明することが大切です。

　不安や怒りを抱える保護者に対して共感的な姿勢で接し、形式的な言葉ではなく自園の失態を認めたうえで誠意をもって謝罪を行います。「誤解を与えたかもしれませんが……」「不適切だったかもしれませんが、特殊な状況で……」といったような言い訳や責任転嫁、「今後気をつけるようにします」など具体的な改善策を示さないような抽象的な謝罪や発言は避けます。

　そして同じことが繰り返されないように、なぜ起きたのか真因分析（本質的・根本的な原因）の現段階での検証結果やどのよう

な再発防止策をとるのかを同時に伝えます。もしその段階で今後の見通しがまだ立っていないのであれば、一回の説明で終えようとするのではなく、今後についてのプロセスを随時伝えていく態度や姿勢を明らかにし、実際にその体制をもつようにしましょう。

　また、保護者の質問や不安事項、意見や要望の有無も確認をし、さまざまな声も真摯に聞いて受けとめ、こどもや保護者の心情や立場をおもんぱかるなど、納得しやすい配慮も必要です。

　起きた事案の重大さや内容にもよりますが、今後他の保護者への説明を行ってよいか、意向を確認しておきましょう。

対象になったこどもの
保護者への説明と確認

□誠意をもって謝罪をする
□事実を正確にていねいに伝える
□起きた原因や再発防止策もあわせて伝える
□一回の説明で終えようとせず、状況を随時伝えていく
□質問や不安がないかを確認する
□他の保護者への説明を行うかどうかの意向を確認する
□公開したくない情報がないかを確認する

全保護者への説明

起こった事案の内容や重大さにもよりますが、園の内外で情報が錯綜しないためにも、自治体の立ち合いのもと全保護者への説明が必要となることも考えられます。

保護者説明会を行う場合、主に伝える内容と準備すべきことは次の項目です。

> **全保護者に伝える主な内容**
>
> □発生した出来事
> □発生した経緯や背景
> □発生した原因
> □現在の状況
> □今後の取り組み

> **説明への準備**
>
> □目的の明確化
> □事実の整理（5W1H）
> □伝え方・言い方の点検
> □QA集の用意

準備をしないで説明をすると、事実と見解（希望的観測などを含む）が混ざってしまい、矛盾として感じられてしまいます。そうなると不安感が増幅し怒りとなります。その感情が他の保護者へ伝播してしまい保護者説明会が荒れることにもなりかねません。また、準備が不十分な状態で保護者説明会を開催すると、犯人探しが始まったり組織的犯罪が疑われたりすることにもなりかねません。

保護者からの質問に対しては、状況を踏まえて、確認できた範囲においてすみやかに報告します。その場で答えられないことは経過報告を重ね、募る不安を少しでもケアしていけるようにしましょう。

一人ひとりのこどもや保育者の気持ちに耳を傾けて気持ちを尊重するように、保護者に対しても同じアプローチが必要です。

こどもへのケア

不適切な保育が発生することで多くの人は傷ついています。すべての人がまた笑顔を取り戻せるようケアが必要です。まずはこどものケアを考えていきましょう。

不適切な保育に対するこどものストレス反応と回復までには、個人差があります。直接的な被害を受けたこどもだけでなく、その子と関係の深い子や仲のよい子など、周囲のこどものケアも必要です。

こどもへのケアの基本姿勢

☐ こどもの様子をよく観察する
☐ こどもが話し始めたら、話をよく聴く
☐ 身体の不調や落ち込んだ様子が見られたら、無理をさせない
☐ こどもの様子を見て心配なことがあったら、抱え込まずに管理職や同僚に伝える

こどもの代表的なストレス反応は、落ち着きがない、はしゃぐ、おこりっぽくなる、赤ちゃんがえりをする、食欲が出ない、集中力がない、自分を責めてしまう、保育者を避けようとする、表情や発話が乏しくなる、無気力になるなどです。これらは異常な事態への自然な反応です。保育者は普段と同じ接し方を基本として、時間をかけて接することが必要です。「ねえねえ」などと用もなく甘えることがあるかもしれませんが、そうすることでこどもの心は癒され、少しずつ元気が回復しているのです。

ときには不適切な保育を行った保育者をまねて、「コラー！」と人形をぶつけ合うなどの「先生ごっこ」をする姿があるかもしれません。それは遊びを通してこども自身で心の整理をつけようとしているところなので、無理にやめさせようとせず、「びっくりしたね」「かなしかったね」「困っちゃったよね」など、こどもの気持ちをくみとった言葉をかけます。「そんなことしないよ」などの否定語、禁止語、命令語はかえってこどもの混乱を招きます。そのためこどもの気持ちに寄り添った言葉をかけるように意識しましょう。

また、こどもが受けた行為について話し始めると、聞く方は嫌な気持ちになり「早く忘れようね」などと言いがちです。しかし、こどもはゆったりと聞いてもらうことで心が癒されていくものです。「そうだったんだね」「たいへんだったね」など、こどもの気持ちを受けとめましょう。無意味にはしゃいだり、なにもなかったようにしていたりすることもあります。どちらもこどもの小さな心では受けとめきれずに、どうにか昇華させようとがんばっている姿です。このような姿が見られたときは保育者同士で情報を共有し、必要に応じて臨床心理士や医師など専門家等によるケアも検討しましょう。

対象になったこどもの保護者へのケア

　保護者はこどもと園（保育者を含む）の両方を気にかけています。こどもの様子を普段よりきめ細かく伝えましょう。そしてできるだけ早く、保護者の募る不安を少しでもケアするため、確認できた範囲の報告・連絡・相談をしましょう。不明な点や確認中の内容については、その旨を伝え定期的な進捗を報告し、園が積極的に改善に取り組んでいると感じられるよう、経過を伝え安心感や基本的信頼感へつなげましょう。

　また、管理職や看護師や専門家等による

個別カウンセリングなどを受けられることを伝え、必要があれば専門機関を紹介するなどのサポートも有効です。園としても専門家と連携し、改善に向けた助言を得ることも大切です。

職員へのケア

　当初は「なんとかしなくちゃ」「今は大変なときだ」などと緊張が張り詰めた状態でも、ふと力が抜けてしまい不調をきたすこともあるため、職員へのケアも重要です。再発防止や信頼回復のための取り組みなどしなければいけないことは当然に増え、心身の負担と疲労は想像以上にかかります。放っておくと心がくじけて元に戻りにくくなることもあるでしょう。

　正常な状態に回復するためには時間も労力もかかりますので、多くを求めすぎないことです。業務改善や一時的な業務削減による労働時間の短縮などでメリハリをつけて交替で休みを取るなど、職員を守ることが、長期的にもこどもを守ることにつながります。

職員へのケアのポイント

□保育や保育者の全否定とならないように、これまでのプロセスで承認できるところはていねいに承認する

□年次有給休暇の計画的付与や時間外労働ゼロの推進などでセルフケアを支援する

□自分や同僚や職場を信じて頼れるよう気にかけて声をかけ合うなどストレスの緩衝材となるラインケア（※）を徹底する

□組織的な課題を明確にし、気軽に気持ちを話せる相談窓口を運用するなど専門的なスタッフケアを導入する

（※）ラインケア…職場の管理職が主体となって取り組むメンタルヘルス対策のこと。日々のあいさつや言葉かけ、心身の健康観察、職場環境等の把握と確認、職員からの相談対応、職場復帰支援など。

④ 再発防止

改善に向けたさまざまな取り組み

○短期と長期の改善策

　不適切な保育の事実が確認された場合、園は、その事実を保育者個人や個別事案に限った問題として捉えるのではなく、組織全体の問題として捉えたうえで園長・法人本部等が中心となり、原因究明や改善に向けた計画を策定し、園全体で改善に取り組むことが求められます。そして、保育者の努力を大いに認めながらも、一から保育を立て直すつもりで点検作業などをします。

　その際、不適切な保育が起きてしまった真因の分析を行い、その問題解決のためにどのような課題を見出し、目標設定をして改善に向かっていくのかを明確にする必要があります。そしてすぐに実行可能な短期の改善策と、時間をかけて取り組む長期の改善策を区別し、段階的に実施の計画を立てていくようにしましょう。

○相談窓口の設置

　保護者はもちろんですが、職員も気軽に相談できるような窓口を設置し、不適切な保育が疑われるような場合は早期に相談や報告をしてもらえる体制が必要です。相談窓口は、園内だけでなく自治体や園外の専門家による相談窓口など外部機関にも相談できることがわかるように設けることが望ましい形です。ウェブサイトに匿名で相談できるフォームを用意するなど、相談者が名前を明かさずに相談できる仕組みも有効です。

　いずれにしても相談内容が第三者に漏れないよう厳重に管理を行い、相談者のプライバシーの保護に十分配慮するようにします。管理職や窓口担当者が基本的な相談対応スキルを備えて向上させるためにも、適切な研修や指導の実施も必要です。

○風通しのよい開かれた環境

　園やそれぞれのクラスが閉鎖的で不透明であると、なにが行われているかわからないため、不適切な保育が引き起こされてしまう状態になりかねません。そうならないよう、日常の保育状況や保育者やこどもとのかかわりが確認できるような透明性が高く温かみがあり、風通しのよい保育環境にすることは必須だといえます。

　例えば園の見学や保護者の保育参加、地域交流、第三者評価の定期受審、また実習生などを積極的に受け入れることで園が開かれた存在となり得ます。またこれらの取り組みにより、園が保護者や地域の方とともにこどもの育ちをまんなかに支え合う存在である意味や、価値を再認識する機会が芽生えます。

○職員の教育と研修の実施

　自園の課題と目標設定を整理して、それに応じた研修を定期的に行います。例えば保育に関する法令や倫理、人権や権利、虐待防止に関する研修などがあげられます。

　研修は受け身の研修だけでなく、ワークやロールプレイなど五感を使うような学びや、個々の考えを話し聞くことができるような対話的な研修も取り入れられると実感が伴った深い学びにつながるでしょう。

○保育実践の振り返り

　これまで「不適切な保育」といわれるもののなかには、保育でも教育でもなく、個人的な指導などの名目で、結果的に虐待等につながるケースが多くありました。そのような行為は、こどもの育ちの観点から保育を振り返るなかで職員同士で話し合い考え合うことで、虐待等につながる前に改善していくことが本来の姿です。

　保育実践の振り返りを行うためには、目に見えないヒエラルキー（権力構造）や暗黙のルールなどを持ち込まず、こどもの最善の利益や保育の質の視座から目線を合わせた対等な対話ができ、率直にお互いの意見や気持ちが伝えられるような環境が必要です。そのため園長など管理責任者は自らが大きな影響力をもつ最大の人的環境であることを自覚し、こうした機会や時間の確保等を意識してつくり出す必要があります。

○ICTツールの導入

　ICT（Information and Communication Technology／情報通信技術）の導入は、保育者の業務負担の軽減等に効果があると期待されています。これは、保育者の本来の職務である保育に力を注ぎやすい環境をつくり、情報に基づくコミュニケーションを円滑にし、ひいては保育の質の確保・向上を目指すうえでも重要です。

　例えば保育に関する計画・記録や保護者との連絡、こどもの登降園管理等の業務、実費徴収等のキャッシュレス決済、午睡センサーやAI見守りカメラなど、一人ひとりのこどもの育ちも含めた各種情報共有、安全管理のためのICTが多種多様にあります。いずれにしてもICTをただ導入することが目的にならないように、自園の目指す姿を明確にしたうえで優先事項を考え必要事項に対して導入を検討することが大切です。

資料 施設種別ごとの関係機関

＊下記関係機関のほか、法テラス（日本司法支援センター）や国民生活センターなど法に
よる解決を図るために相談できる機関もあります。

〈認可保育所の場合〉

指定都市及び中核市に所在する施設
については、それぞれの市が管轄

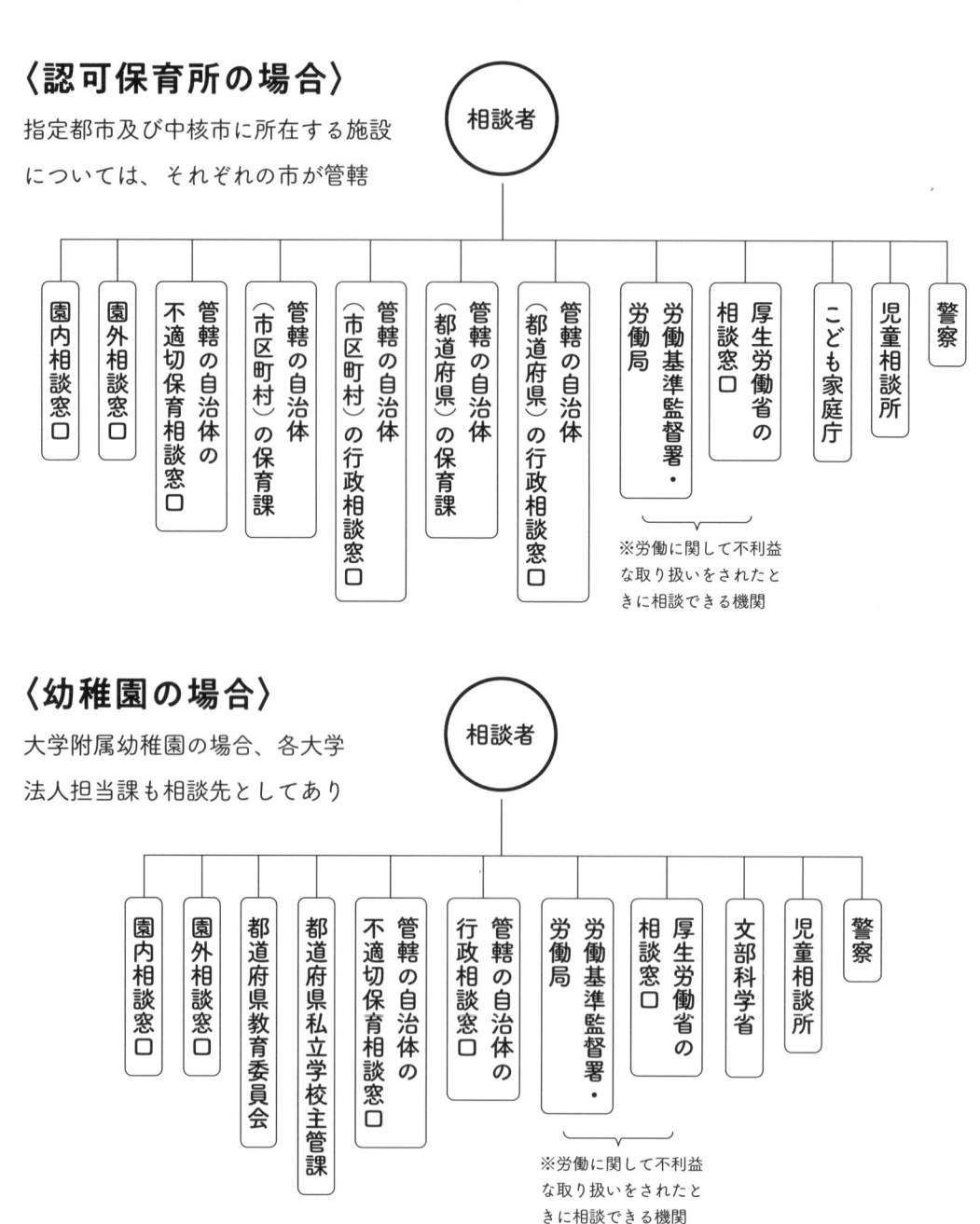

〈幼稚園の場合〉

大学附属幼稚園の場合、各大学
法人担当課も相談先としてあり

〈認定こども園・認可外保育施設の場合〉

指定都市及び中核市に所在する施設については、それぞれの市が管轄

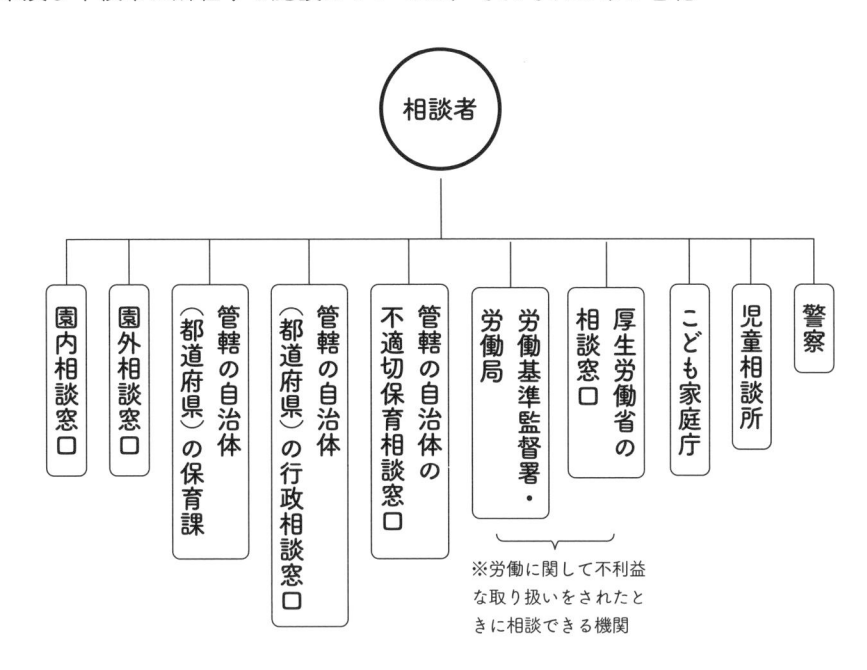

※労働に関して不利益な取り扱いをされたときに相談できる機関

〈企業主導型保育施設の場合〉

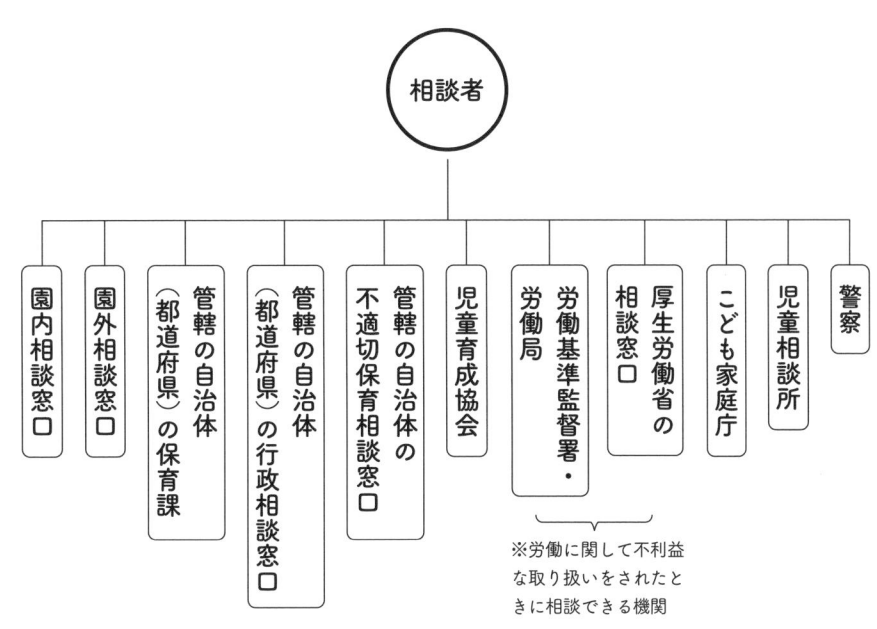

※労働に関して不利益な取り扱いをされたときに相談できる機関

保育施設でのカメラ設置

　政府は2023年11月、性被害の認識や相談が難しい保育施設等における設備面での対策として、室内の様子を記録しておくカメラの設置費用の補助を発表しました。従来、保育施設にカメラが設置されていると「監視をされている」といったイメージもありましたが、現在はドライブレコーダーのような性質のものと考えられるようにもなってきました。それは客観的な記録や証拠を残すことで、なにか起きた際も後から検証ができ、自分たちを守ることにもなるからです。また、自分たちの動きや姿を客観視できるため、研修や保育の振り返りなどで活用している園もあります。

　カメラは保育者やこどもを守り育むために設置するものです。カメラの設置場所や録画された個人情報、プライバシーなどの取り扱いに配慮しつつ、職員同士の連携や関係性を見直し、保護者との信頼関係をよりよく築くなど、カメラを有効に利活用するためにも、保育者にとってもこどもにとっても過ごしやすい環境になるように園全体で働きかけていきましょう。

　不適切な保育の確認・検証や抑止のためだけでなく、外部からの不審者の侵入や園内での事故・怪我・犯罪を未然に防止するためなど、カメラの活用方法は多岐にわたります。こどもの安全・安心を守るためにも、なにが目的でどのように活用するかを管理職がよく検討し、責任をもって意思決定していきましょう。

3章

「不適切な保育」の防止から保育の質の向上へ

保育の質の向上を目指すことで
「不適切な保育」は自然と遠ざかり、
結果的に防ぐことへとつながります。
保育の質はどうすれば向上していくのかを
いっしょに考えていきましょう。

保育の質を高める

保育の質を高めることが「不適切な保育」を防ぐ

これまで不適切な保育とはなにか、起きてしまう背景にはどのような問題があるのか、もし起きてしまった際はどうすればよいのか、ということを考えてきました。不適切な保育の防止や対策は必要なことです。しかし、不適切な保育をなくすことばかりに焦点をあてていると、実践が萎縮し、保育の豊かさを損なう事態になりかねません。

そこでここからは少し視点を変え、不適切な保育が起きない園とはどういった園なのかということを考えていきましょう。

不適切な保育が起きない園とは、端的に述べると「保育の質の向上を目指している園」だといえます。本来保育において必要なことは、「どういったことがこどもの育ちにとって本当によいものなのか」「それはどうすればつくり出せるのか」という創造的な取り組みを継続的に行うことです。そういったことを日々の保育のなかで大切にしていけば、不適切な保育は遠ざかり、結果的に防ぐことにもつながっていくのです。

相対的に保育の量の拡大が優先され、質の向上が後回しにされてきたなど、それぞれの実情を踏まえて、今こそ改めて保育の質の向上について考え、取り組んでいきましょう。

＼ 保育の質を高めるための ／
３つのポイント

① 保育者としての専門性を身につける

保育者の専門性とはなにか

　保育者の専門性とは「知識」「技能」「倫理観」「省察（せいさつ）」の４つが基盤となって発揮できるものだと考えます。なかでも「省察」という行為は非常に重要です。「省察」とは失敗を反省するというより、うまくいった取り組みも含めて振り返って考えることです。

　保育には唯一絶対の正解というものがありません。保育実践は曖昧で、不確実で、多義的、そして複雑で二度と同じことが繰り返されることはありません。そうすると、正解を求める思考よりも選択肢を増やして試行錯誤してみるという思考がより有益です。そのような特質をもった実践のなかで大切なことは、こどもの姿を中心に据えた「省察」なのです。

　アメリカの哲学者であり、元マサチューセッツ工科大学教授のドナルド・A・ショーンは、対人援助の専門家の特質は「省察的な実践にある」と述べています。このような専門家は行為中も省察をしている、というのです。保育者であれば目の前のこど

もとやりとりを行いながらも、その状況を瞬時に振り返り、つぎにどのようなアプローチを行うか判断をしている、ということです。

　このような「省察的な実践」を豊かにするためには、研修や対話を通してさまざまな知恵や考え方を交わし合い、保育の引き出しを増やす必要があることがわかります。そういった営みのなかで保育者としての専門性が身についていき、高まっていくのです。

指針・要領を共通言語にした対話で専門性を高める

保育者としての専門性を身につけ、高めていくためには研修や対話を通してさまざまな知恵や考え方を交わし合い、保育の引き出しを増やす必要があると述べました。その際、専門家として新たな学びにつながる対話を行うために、指針・要領にある言葉を使うことをすすめます。

指針・要領は保育の方向性を示した法令です。この指針・要領に表現された言葉を用いてこどもの姿を照らし合わせて語ることで、保育の専門家としての言葉が共有され、目指す保育を共有していくことにつながるのです。

具体的には指針・要領のなかの、保育の「ねらい及び内容」について示された第2章を活用することをすすめます。保育内容の各領域につき約10項目ずつ示されている「内容」にこどもの育ちのさまざまな姿が表現されているので、園のこどもたちの姿とそれらの文言とを照らし合わせながら、育ちを読み取っていくのです。例えば、職員会議などで保育者が見つけたこどもの姿を出し合う際、「散歩を楽しむ姿がかわいいです」ではなく、「環境『（1）自然に触れて生活し、その大きさ、美しさ、不思議さなどに気付く』という姿が見られていますね」といったように、指針・要領の言葉を使うのです。大切なことは正しく読み取ろうとすることではなく、指針・要領の言葉にたくさん触れることです。そうすることで、こどもの何気ない姿のなかから意味ある育ちに気づく視点をもつことにつながります。続けていくことで専門的な視点や気づきが積み重なり、こどもを見る力が養われていくのです。

保育者の専門性が高まると
こどもが主役の保育になる

こどもの姿を指針・要領を参照しながら対話を行う、というアプローチを提案しました。このアプローチの効用のひとつに、こどもの姿により興味をもつことができるようになるという点があります。

こどもがごっこ遊びを始める、なにもせずに休んでいる、けんかをしている、なにかをじっと眺めている、保育室を行ったり来たりしている、相談しながら砂を集めている、泣いている、おもちゃを何度も何度も振ってその音を聴いている、ぶら下がっている紐に手を伸ばして引っ張ろうとしている、などなど、いつでもどの園でも見られるこどもの姿を、制御しようとして注意したり、風景として見過ごしたりすること

なく、「この子はどうしてこの動きを熱心に繰り返しているのだろう」「おっ、これからどうするかな」「あら、そうきたか」「そんなふうに作ってみるとは思いもしなかったな」「悪いと知っているはずなのにしてしまうこの子に、今なにが育とうとしているのかな」など、少し引いた視点で問いを立てることができるようになります。

つまりは、こどもが保育者の思い通りに操作できる対象ではなく、「もっとわかりたい」「理解したい」「興味深い」存在となるのです。ここに、保育者が主役ではなく、こどもが主役となる保育への手がかりがあるといえます。

51

② 同僚性の文化を築く

同僚性とは

「同僚性」という言葉は、イギリスの教育現場を対象とする研究から生まれた言葉です。教育改善に成功した学校の先生たちが、どのような振る舞いをしていたのかを調べたところ、先生たちがお互いの実践をよく見たり、その実践について話し合ったりする頻度が高いという結果がありました。こうした実践をよりよくするために、問いかけ合い、学び合い、支え合う組織の文化を「同僚性」と呼ぶようになりました。

「同僚性」は「協調性」とは異なります。協調性は、他者の意向に配慮して、できるだけそれに沿いながら円滑に物事を進めることに努めるような組織のあり方を指します。その目的は、穏やかに調和を保つことです。一方、同僚性はみんなと違う意見や考え方を生かして問いかけたり、学び合ったりするなかで、組織として専門性を高めることを目的としています。つまり、同僚性は仲よくなることが目的ではなく、こどものよりよい育ちのために質の高い実践を目指すことを目的としています。

園の保育者同士の仲がよくても、不適切な保育が行われるという可能性はあります。そこに同僚性はなく、あるのは方向を間違えた協調性ではないでしょうか。同僚性の文化が築かれていれば、違う意見や考え方をちゅうちょなく言葉にして伝え合えます。そして、お互いを尊重し、認め合い、専門家としての言葉を交わし合うことでともに保育をよりよくしていく道筋が見えてきます。

× 「仲よし」が目的ではない

○ よい影響を与え合い「専門性を高める」ことが目的

同僚性のはじまりは
心理的安全性に基づく「対話」から

　同僚性の文化を築くために、まず職員間に心理的安全性に基づく対話を行えることが大切です。もし、自分の保育についてどう評価されるのかを気にしたり、会議や研修での発言を誤解されるのではないか、価値のないものとして評価されたりするのではないか、といった不安をもっていると、なかなか率直に語り合うことはできません。

　それらを払拭するためにも、園内研修や会議などで対話を行う際は、約束事を定めておくことをすすめます。これらの約束事は心理的な安心感・信頼感（心理的安全性）となり、心理的な距離感・負担感などがなく、率直に自分の意見や気持ちが伝えられる環境をつくっていくことにつながります。

対話を活性化させるための約束事

- ・笑顔
- ・アイコンタクト
- ・うなずき
- ・身を乗り出して話を聴く

- ・否定をしない（言葉でも表情やしぐさでも）
- ・問いかけは謙虚に（問い詰めない）
- ・穏やかな声、言葉、表情、態度

尊重し合える組織になるために

　自分の意見が少数派になったとき、心理的な圧力がかかり、多数派の意見に従ってしまうことを「同調圧力」といいます。こうした目に見えない「同調圧力」が組織内で当たり前のように存在していれば、意見や行動の正否にかかわらず多数派が場をコントロールするような組織が形成されてしまいます。このような状態では、これはおかしいのでは、間違っているのでは、と思っている人がいても意見が言いづらくなるため、事故が起きたりトラブルにつながったりするリスクが高まります。

　そうならないためにも、お互いの考えを話し合い、それぞれの意見を尊重しながら一致させていく「合意形成」ができる組織をつくっていくことが必要です。

　しかし、いきなりお互いを認め合えるような組織ができるわけではありません。ときには意見がぶつかるなどの段階を経て、組織が成熟されることで、お互いを認め尊重し合えるチームとなっていくのです。

　成熟した組織では、保育者同士が目配せや所作などひとつのことでお互いの考えなどを読み取り、行動ができるようになります。そうなると常に意見を言い合うことが必要でなくなるうえ、ここぞというときにみんながタイミングを合わせてスムーズに連携がとれるような組織になり得ます。

　組織は生き物です。自分の組織が今どの段階にいるのか、右のモデルを参考に見直し、行きつ戻りつ、メンテナンスしながら課題や対処を考えてみましょう。

組織の成長の4段階を示す「タックマンモデル」

〈形成期〉

組織が結成されたばかりの時期。コミュニケーションを図るうえで不安や緊張が生じる。まずはそれぞれに対する理解を深め、信頼関係を少しずつ構築していくことが課題となる。

★次の段階へ行くためのポイント
対話の質にこだわらず、対話の量（コミュニケーションの量）を増やす

〈混乱期〉

組織としてある程度の期間行動をともにしていると、それぞれの意見がぶつかったり、価値観のズレが生じたりする時期がおとずれる。これもお互いの考えを知るために必要な時期。

★次の段階へ行くためのポイント
目的を振り返りながらお互いが納得できるまで話し合う

〈統一期〉

衝突を乗り越え、組織が共通の目標をもてるようになった時期。それぞれの違いを受け入れ、異なる価値観や意見も受容できるような状態になる。個人の能力が最大限に発揮できる。

★次の段階へ行くためのポイント
それぞれの考えを尊重し合いながら、みんなの意見が合意したプロセスを捉えて、よりよい一致点を見つけていく

〈機能期〉

組織の結束力が強まると、それぞれが自分の役割を認識して動くため、全体として高い力を発揮できるようになる。困難のなかにあっても、お互いを認め合い、尊重し合える組織となる。

ブルース・W・タックマン「タックマンモデル」をもとに作画

③ こどもの権利を知る

こどもの権利条約

　保育のなかで守られるべきこどもの権利とはどのようなものか「こどもの権利条約」4つの一般原則を照らし合わせながら考えていきましょう。

> 「こどもの権利条約」……世界的な基準からこどもの人権の尊重、こどもの権利の促進を約束した条約。世界中のすべてのこどもたちがもつ権利を定めており、1989年に国連において採択された。

―――――― こどもの権利条約　4つの原則 ――――――

あらゆる差別の禁止（第2条）

　すべてのこどもは、こども自身や親の人種や国籍、性、意見、障がい、経済状況などどんな理由でも差別されず、条約の定めるすべての権利が保障されます。

> **保育のなかでは？**
> こども同士やこどもと保育者の間に、不必要な格差をつけないように気をつけましょう。あらゆる一人ひとりの発達や特性に応じた配慮をします。保護者支援や対応においてもこどもの権利が侵されることがないように注意を払う必要があります。

こどもの最善の利益（第3条）

　こどもに関することが決められ、行われるときは、その子を抜きに勝手に決めず「その子にとって最もよいことはなにか」「それはなぜか」を第一に一緒になって考えます。

> **保育のなかでは？**
> 大人がよいと思ったことが、こどもの声を正しく代弁できているとは限りません。保育者はこどもの声なき声（表情やしぐさなどあらゆる反応）もキャッチし、そのうえでなにがなぜこどもにとって最もよいことなのかを考えていくことが求められます。

生命、生存及び発達に対する権利（第6条）

　すべてのこどもの命が守られ、もって生まれた能力を十分に伸ばして成長できるよう、医療、教育、生活への支援などを受けることが保障されます。

> **保育のなかでは？**
> こどもを危険から守りながら、その子の興味・関心・意欲が広がり深まる機会を十分に設けます。基本的な信頼感をベースに基本的な生活習慣を獲得し、愛着を形成するなど、心の成長もサポートします。保育者はこどもにとっていつでも安心と挑戦の起点となる安全基地です。

こどもの意見の尊重（第12条）

　こどもは自分に関係のある事柄について自由に意見を表すことができ、大人はその意見をこどもの発達に応じて十分に尊び、重み付け（意味付け）します。

> **保育のなかでは？**
> 保育活動に参加する・しないなどを含めて意見を尊重するとともに自分なりの考えや意欲をもって保育活動に参加できることを目指します。こどもが意見を表現しやすい環境づくりをすることも保育者の役目です。お互いに尊重し合いながら、そのこどもにとって意味ある参加としていくことが必要です。

「こどもの最善の利益」を意識した4つのステップ

　「こどものためによかれ」と思っていても、それが保育者の一方的な思いであると不適切な保育におちいってしまう恐れがあります。そうならないためにも、「こどもの意見表明権」が保障されていることが重要です。一例として「こどもの最善の利益」を意識した4つのステップを紹介します。

ステップ1　情報提供（おしらせ）

実現可能な選択肢を用意して、こどもに伝えます。例えば「やさい小さいのを1つだけ食べてみる？」「大好きな〇〇ちゃんといっしょに食べてみる？」「ちょっとマヨネーズつけて食べてみる？」などと、できることがわかるようにします。

ステップ2　自己選択（〇〇がいい／いやだ）

ステップ1の選択肢からこどもが自分で選びます。選択肢にはない意見（言語・非言語）がでてくることも受けとめ、柔軟に選択肢を広げ、可能性が広がるように考えることが大切です。

ステップ3　自己決定（〇〇する／しない）

こども自身が決めて実行します。その子なりに自分で決めたことなので心情・意欲・態度が整った状態で取り組むことが期待できます。「やっぱり〇〇」など変化やゆらぎも受容します。

ステップ4　意思表示（せんせい、あのね）

こどもの意思がより表現しやすいように「どうだった？」などと意見を引き出し、読み取ります。その際、「わたしは〇〇がよかったところだと思うよ」など肯定的な側面から保育者の感想もフィードバックします。まだうまく言語化できないときも、保育者はこどもの声なき声にしっかりと耳をかたむけ、その子への理解（共感的理解・多面的理解）を深めていきます。

> **こどもの最善の利益を意識したプロセスをこどもとともに歩む**

こどもの権利を守るための3つの方法

1 感情のマネジメント

感情のコントロールができずにいると、怒りの感情などをそのままこどもにぶつけてしまうことがあるかもしれません。そのようなことを防ぐためにも感情のマネジメントはこどもの権利を守るために必要なスキルのひとつといえます。

感情のマネジメントとは、自分の感情を理性でコントロールすることを指します。自分の感情は自分で選択するということです。例えば嫌なこと、不快なことが起きたとき、否定的な感情をむき出しにしたり、押し殺して我慢したりするのではなく、「自分は今嫌な気持ちになっている」ということを受けとめながら、最適な対応ができるように気持ちや言動を心と頭の両面で把握します。

感情のマネジメントの主なポイントは、以下の2つです。

①さまざまな感情を見分ける

人間の感情は「喜・怒・哀・楽」の他にも焦り、不安、怖さ、しんどさ、悔しさなど、さまざまな感情があり、それらが複雑に交錯しているものです。例えばなにかにイライラとしたときは、すぐに反応することなく、それが本当に怒りなのかと一度その場から離れ客観視することも必要です。そう

することで怒る必要がなく、手放してよいことにも気づけることもあります。

②さまざまな感情に
肯定的な意味があることを知る

感情は「意味」と「意欲」の2つに分解することができます。例えば「怒り」という感情にはネガティブなイメージがあるかもしれません。怒りの感情は、現実と理想のギャップに葛藤しているメッセージです。その葛藤が現実を変えて理想に近づこうとするエネルギーになることもあります。このように感情に「意味」と前に進むための「意欲」を見出すことで、破壊的な行動ではなく建設的な行動に変えていくことが可能になります。

❷ リフレーミング

リフレーミングとは、物事の枠組みや観方（見方）・考え方を変えて、異なる視点から見ることを意味する言葉です。もしもこどもの育ちを「できる・できない」という画一的な捉え方をしているのであれば、リフレーミングによって「育ちゆく過程である」という視点に変えることでこどもの権利を守ることにもつながります。

例えば「落ち着きのないこども」はリフレーミングを行うと「いろいろなことに興味・関心をもっているこども」という一面から捉えることができます。ポイントは、目の前のこどもの一面だけで全面を捉えるのではなく、それまでの育ちやこれから成長する姿なども踏まえて異なる面から多面的に捉えることです。

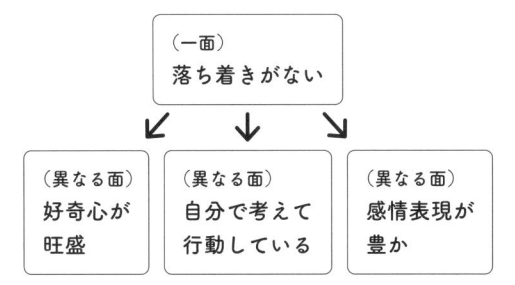

（一面）
落ち着きがない

（異なる面）
好奇心が旺盛

（異なる面）
自分で考えて行動している

（異なる面）
感情表現が豊か

❸ 応答的なかかわり

情緒的な絆（きずな）と基本的な信頼感の形成は、こどもの育ちにとって不可欠なものです。これらを形成するために必要なのが応答的なかかわりです。応答的なかかわりは、こどものさまざまな表現やあらゆる様子を、ひとつでも多く「拾いあげて広げる」ことです。

「拾いあげる」とは、こどもの世界をありのままキャッチして言語化することです。例えば「みどりのむしさん」とこどもが指差して見つめたとき、「これはアゲハの幼虫だよ」とは言わず、「みどりのむしさんだね」と目を見て応じるイメージです。こうすることで「伝わった」「わかってくれた」と気持ちが通じ合うことにつながります。

「広げる」のは、こどもの世界に届き響くように投げかけることです。ありのままをほめる、代弁する、感想を伝える、の3つのいずれかを行うとよいでしょう。「よく見つけたね」「ずっと見ていたいね」など、こどもの興味・関心に心を寄せて答えます。そうすることでこどもの世界に入ることができ、その後の展開もスムーズになります。

「適切な保育」とはなにか

　「適切な保育」を考えるとき、その拠り所となるのは指針・要領等の法令です。指針・要領は国が定めた教育・保育の考え方や方針、行動の手本となる規則です。具体的には指針・要領の保育の内容について示された第2章に、こどもの育ちに関するさまざまな姿が示されています。例えば「体の動きや表情、発声、喃語等を優しく受け止めてもらい、保育士等とのやり取りを楽しむ」「幼稚園生活を楽しみ、自分の力で行動することの充実感を味わう」など、そこに示されている姿がたくさん見られるような保育が「適切な保育」だといえます。

　なお、指針・要領では、各領域に「内容の取扱い」や「配慮事項」として実践における留意点を示していますが、具体的なマニュアルにはなっていません。実はそこが重要です。保育者が実践について話し合いながら、各園の状況に応じて自分たちなりの創意工夫を行えるようになっているのです。

　自分たちで考えて、自分たちで振り返るからこそ専門家です。園が専門家集団になり、こどもの育ちにとって本当によいものなのか、それはどうすればつくり出せるのかという創造的な取り組みを継続的に行うことで、不適切な保育は遠ざかり、結果的に防ぐことにつながっていくのです。

4章

保育現場の相談事例から考える

矢藤先生、関山先生、編集部の三者で、
保育の現場からあがる不適切な保育に関する
相談事例について話し合いました。
対応や考え方のヒントにしてください。

自分の保育は不適切ではないだろうかと不安に感じて、自信をなくしています。

編　集　部　「不適切な保育」の報道を受け、現場の保育者が萎縮している、というお話を聞くことがあります。

関山先生　自信をなくしちゃうこともありますよね。相手は自分ではなく、まだ5年間と生きていない異なる人間ですから、過信や盲信をせずに、ときには不安を

感じるくらいで自然でしょう。

自分の保育に不安があり手応えを得にくく、自信のなさを感じていると、現在行っている保育を振り返るなかで“なにか違うのでは”と感じていることは往々にしてあります。そのようなときは指針・要領やガイドラインを確認することをすすめています。

例えば食事の場面であれば「先生や友達と食べることを楽しみ、食べ物への興味や関心をもつ。」（幼稚園教育要領 第2章 ねらい及び内容 健康2 内容（5）より）とあります。どこにも「苦手な食べ物を克服しましょう」ですとか「時間内に食べ終われるようになりましょう」とは書かれていません。自分やまわりが行っていることが指針・要領と大きくズレていれば保育の方向性を修正し、共通認識としていく必要がありますし、大きなズレがなければ不安を感じることなく、こどもをよく見て、こどもによく聞いて、応答的なかかわりを楽しみながら、安心してこどもと向き合っていってほしいですね。

矢藤先生　そうですね。まったく同じ意見です。例えばこどもを叱り「でもしつけをしないと、小学校に行って困るのはこどもですから」と言う人がいたとします。しかし、そのような趣旨の文言は指針・要領には見当たりません。それは個人の考えです。我々は専門家です。専門家ですから、専門家のガイドをちゃんと読みましょうよ、と思うのです。指針・要領を見て、そこにあることを実現するように努力すれば、心配しなくてすむようになるのではないかと思います。根拠のわからない、その園独自の当たり前のような習慣があるところも少なくないのではないでしょうか。卒園するまでに逆上がりを10回できるようにならなければならない、のような。「これどうしてやっているんですか？」って聞いたら、「昔からやっているから」という答えが返ってきたりしますが、やっていることに根拠がないのです。ちゃんと指針・要領に立ち返って、どのような意味があるのかを振り返ることが、園にも保育者個人にも根づいていれば心配はなくなりますよね。

関山先生　“こどものために”最も善かれと思い込み、無意識になっているかもしれないと感じたら、変わるチャンスです。指針・要領を介して、“こどもにとっ

て""こどもの育ちにとって"望ましい共通言語を意識して見つけ、増やしながら対話をするという方法もとれます。こどもをまんなかに、こどもの育ちから見て、こどもと学び合い、育ち合う組織へ変わろうとすることが大切です。

相談事例1のポイント

・指針・要領やガイドラインを確認して立ち返り、行っている保育にどのような意味があるのか振り返ってみましょう。
・指針・要領を介し、"こどもの育ちにとって"という共通言語を意識して、職員同士の対話を増やしてみましょう。

相談事例 2

同僚が不適切な保育の疑いをかけられ、園の雰囲気が悪いです。自分から辞めてしまったり、辞めさせられたりすることもあります。

関山先生　心苦しいですね。憤りや虚しさなど、いろいろな不快な気持ちもあるでしょう。雰囲気も悪くなってしまい、心理的負担感も増して気持ちの余裕がなくなるなど、悪循環になってしまいそうです。去る保育者や残る保育者はもちろんのこと、はたしてこどもにとってどのような影響を与えるのでしょうか。疑いをかけられた保育者に対して個人の責任を問い、事情や言い分を聞かず、有無を言わさず退職をさせる、というケースが散見されます。不当解雇に当

たるような事例もあります。解雇までいかなくても時期外れの異動という形で事態を収束させようとすることもあります。

矢藤先生　人を辞めさせるというのは、非常に重大なことです。本人や周囲への聞き取りや事実確認、必要な指導や異議申し立ての機会があったのかというと、そうではないのでしょうね。法人には「表に出したくない」という心理が働き、人を辞めさせることで問題を解決したことにしているのかもしれません。しかし組織や実践のあり方が改善されていないので、また同じようなことが起きる可能性があります。

関山先生　このような不当な扱いや隠ぺい体質のなかでは、すべての関係者の不安や不満のタネはくすぶり続けます。組織的な問題・課題が取り残されるからです。職場の内外やこどものいる空間でぽつりぽつりと職員のこぼす言葉やなげきの表情などによってあらわれ、あおられて波紋は自然と広がり、結局職員の一斉退職につながる、というケースも珍しくはありません。

編集部　そのような状況にならないためにも、なにか問題が発生したら、ていねいにそのプロセスを追って、自治体や行政と連携する必要がやはりあるのでしょうか。

矢藤先生　そうですね。国が出しているガイドラインでも、初期の段階から自治体や行政との相談や情報共有をすすめています。

関山先生　自治体や監督署などは、監査や調査などを行い、指導をする機関というイメージから、相談や情報共有をするにも、心理的なハードルの高さを感じている方も一定数います。実際は、複数の担当者・部署が相互に連携して対応に当たったり、相談対応を研修で学んでいたりと、みんな真剣に親身にチームプレイをします。例えば子ども・子育て支援法や労働基準法など、法令上もこどもや職員の立場などに立つ必要があるのです。もしもちゃんと対応してくれない場合は、例えば、行政内の相談窓口に匿名で相談をして、是正して

もらうこともできます。ですから身近で実務的な専門機関のひとつとして、それぞれの行政機関との連携プレイを、初期から積極的に密にします。内部だけでなく外部からの風通しをよくしようとすることが大切です。

矢藤先生　はい。自治体や行政と協力し合って予防・解決したという話をよく聞きます。そしてなにより園のトップは一時の体裁だけを守ろうとしたことが、致命的なダメージを与えることにならないよう、こどもにとっても職員にとってもなにが大切なのかということを第一に考えて対処をしてほしいですね。

相談事例2のポイント

・人を辞めさせるだけでは問題の本質は改善されない。園のトップは冷静な対処を。
・自治体や行政との連携を初期から積極的に密に。

自治体や行政との連携を

同僚が不適切な保育をしているのですが、園での影響力が一番強く、園長も他の同僚も顔色をうかがうばかりです。私もどうしてよいかわかりません。

関山先生　もうどうしたらよいかわからなくなるほど、見ているほうも、泣きたくなる
ような、息苦しくなる思いでいることでしょう。怖い、強い、と感じる先生
に対して「圧」で制圧されてしまうわけですから、正面からアプローチしに
くい気持ちはよくわかります。気持ちはわかりますが、だからこそ、ちょっ
との勇気を伴う小さな行動の積み重ねは、だれにとってもとても尊く貴重で

重要なものになります。例えば、「あいさつをする」「声をかける」「笑顔を向ける」「話を聞く」「間に入る」「メッセージを出す」「サインやジェスチャーを送る」「こどもの手をつなぐ」などの連帯の輪を広げようとする行動です。園全体の問題・課題となりますので、責任を目撃者と伝聞者とで抱え込まず、一人であきらめず、こどもの味方・観方を増やし、こどもの意見・表現をなんとしても代弁・代行しようとすることで、その場を心理的にも物理的にも閉鎖的にせずオープンにしていきましょう。

矢藤先生　これはもう不適切な保育だということが推認されている状況なので、当然相談すべきです。まずは信頼できる同僚なのか、園長、主任、管理職なのか、とにかく一人で抱え込まずに、信頼できる人に伝える、という一歩から始めることです。もし園内の職員に相談することが難しければ、養成校のときの教員でもいいですし、役所に相談することも必要になります。関山先生のように保育に詳しい社労士さんという手段もあると思います。とにかくなにかのルートに話をのせて、つないでいく、ということが大事です。手元にとどめない、話をどこかに共有することから始めてほしいです。

編集部　それは、一人で抱え込むことで、初めはもっていた違和感がマヒしていく、ということもあるからなのでしょうか。

関山先生　"慣れ"こそ怖いものです。ココロの違和感がマヒしてしまうのです。結果、こどものココロが感じとれなくなります。こうなると保身のための勝手な正義を代弁するだけです。不適切な保育が行われる現場では、「感覚がマヒしていた」と目撃していた同僚から語られることがあります。園長は園長で、現場任せで感覚が曖昧で鈍麻していると、「素晴らしい保育をしている」などといいながら自ら率先して不適切な保育に加担したりと、不本意にも無感覚となっていたりすることがあります。「ヘンかも」といった違和感が、変化を起こします。試しに自分の顔を鏡でよく観察してみましょう。もしかしたら行為者か被害者であるこどもと同じような顔をしていませんか。学び続けることなくその組織で偉くなったり、その組織でただ単に生き残ろうとす

ると、同じような振る舞いをこどもにするという、恐ろしい事態にもなり得ます。

矢藤先生　人間の意思決定は、環境に左右されます。逆にいえばポジティブなことをみんなで話し合うような環境にしていくと、いい組織にすることができるのです。みんなで悪口を言ったり、こどもの粗探しをしたりするようなことが当たり前に起きていれば、それはもう保育や教育が行われるような組織ではありません。違和感をもっている方が正しいのです。
また、保育の価値を損なうようなことを黙認することは、そのことを許容、つまり受け入れていることにもなります。一人で抱え込むことはしないでほしいです。

相談事例3のポイント

・"慣れ" こそ怖いもの。ココロの違和感がマヒする前に行動を。
・人間の意思決定は環境に左右される。ポジティブなことを語り合うような環境にしていくと、よい組織にすることも可能。

相談事例 **4**

「不適切な保育があって、こどもが不登園になった」
と苦情の申し立てが保護者からありました。
苦情解決相談窓口の担当者と責任者は
「こどもにも元気じゃないときはあります」
「すぐ登園するようになるから安心してください」と
軽く流しているようです。

関山先生　こどもの気持ちを思うとやりきれない思いですね。こどもや保護者の気持ち
　　　　　を思う相談者の気持ちを思うと、なおやりきれない思いです。不登校のみな
　　　　　らず不登園の問題は、以前からありました。また、このような申し立てを受
　　　　　けたという園が増えている現象はあります。重要なことは、不登園になった
　　　　　理由が不適切な保育が原因なのか、ということよりも「園に行きたくない」

というこどもの明確なメッセージがでている事実です。こどもが園に行きたがらない、楽しみにしていない、保育者を怖がるそぶりを見せる、園のことや保育者のことを家庭で話さない、などさまざまなサインを出しているということは、保護者の立場になれば、心配になるのは当然のように思います。

矢藤先生　私はこの事例は大きな幅があるように思いました。不適切な保育への正当な申し立てもあれば、いわれのない不当な申し立てもあるかもしれません。どのような申し立てがあったとしても、専門家である以上、こどもや保護者の心のなかに、潜在的なものも含めてどのような心配や不安や困りごとがあるのだろう、と誠実に向き合い理解に努める必要があると思います。不登園になっているこどもをわがままだと言ったり、申し立てをしてくる保護者をクレーマー扱いし、どうやっつけようか、といった視点で対峙していたりするのであれば、それは改めた方がよいでしょう。

そして、このような問題を保育者一人で受けとめることはなかなか辛いことなので、管理職何人かと関係者などでチームを組み、こどもや保護者の思いを受けとめ、潜在的なニーズを理解することが大事です。そうすることで、本当に見直すべきことや必要な対処がわかってくるのだと思います。

編集部　保育者には傾聴術、つまり話を聴く力が求められるのですね。発信力よりも受信力のような。

関山先生　そういう意味では、相談窓口の職員のみならず、保育者は全員、優れたキャッチャーになることを意識するとよいでしょう。わからないことや困ったことが起きたときこそチームプレイです。受信側の感度を磨き合い、理解度を広げ深め合おうとします。ピッチャーのせいにしたら試合終了です。とにかくみんなでキャッチングのスキルを磨くことです。相手がこどもであれ保護者であれ、今この瞬間に投げられるボールを見極め、相手が投げたボールを受け取ります。ときには側に行って励ましたり、「ナイスボール！」などと温かい言葉や表情を投げかけたりします。そういった応答的なコミュニケーションのなかで、こどもも保護者も変わりだし、優れたキャッチ

ャーである保育者を安心して信頼し、より望ましいボールを投げようとする意欲が生まれ、その子やその親ならではの、小さな挑戦が始まります。

矢藤先生　そうですね。そして保育者自身も組織のなかで受けとめてもらえるような風土ができていないといけないと思います。自分が受けとめられていないのに、他の人のことを受けとめることは難しいことです。

相談事例4のポイント

- 心配や不安や困りごとに、専門家として組織的にこどもや保護者と誠実に向き合い、理解していく必要がある。
- 保育者自身も組織のなかで受けとめてもらえるような風土があることで、他者のことが受けとめられる。

不適切な保育についての報道が増えたことで、
保育現場に対して悪いイメージがついてしまい、
このままでは保育者がいなくなってしまう
のではないかと不安になることがあります。

関山先生　もしも自分のこどもが「保育者になりたい」と言ってきたとき、「いいじゃ
ない」などと応援するのではなく、「悪いイメージだからどうかな」などと
伝えるのは、なんとも寂しく葛藤も感じ、不安に思いますね。
管理職である園長や理事長などから、職員採用についての相談のなかで何気
なくこぼされることがあります。「不適切」に怯え、保育者を辞めてしまう
こともあるなど、「不適切」という言葉が独り歩きしている感じもすること
でしょう。まず、かくいう管理職が行為者にならないように自戒しましょう。

園長や理事長などの役職者が行為者の疑いをもたれている事案もあります。その影響力は極めて大きなものがあります。ただ、だれもが人間であり、未成熟な一面や瞬間があります。誤ったことをしたら立場や体裁をつくろわず、こどもに素直に「ごめんなさい」と言いましょう。こどもはたいてい許してくれます。許してくれたら「ありがとう」と言いましょう。「不」と言われると「不合格」のように全否定されてしまう感覚も生じてだれでも反発したくなります。まだ「未合格」な状態です。「未適切」であり、「まだ」適切ではなく、適切になるのびしろや瞬間があるのです。「これから」もっと望ましくなるプロセスにいることを認めることで、またスタートラインに立てます。

矢藤先生　今のような状況に対して、保育の団体や国などさまざまなところで保育の仕事の意義や専門性についてしっかり周知していくということはもちろん大事なことだと思います。国も保育者の人材確保への取り組みを進めています。しかし、私は各園にもできることがあると思います。
このような状況のなかでも、人が辞めない、この園で働きたいと人が集まる園はあります。そのような園は共通して、保育の質を高めようと努力をしていて、先生方が学び合い、支え合っている園です。そういう園を見れば働きたいし、こどもたちも園に行きたくなるし、保護者も安心してこどもを預けられます。まずは自分の園の保育の質を組織的に高めていくことです。それが現場でできることだと思います。

関山先生　また、単純に純粋に目の前のこどもの姿を楽しむ、改めてまじまじと興味・関心をもって見てみる、ということから始めるということも現場ができることのひとつだと思います。そしてその姿や様子、いろとりどりのつぶやきをメモ程度に記録して親しんだり、毎日5分または1週間に1回でもいいので、同僚の保育者と気軽に話す習慣をつくるというのも効果的です。

矢藤先生　そうですね。そうなるとこどもは指示する、動かす、といったコントロールの対象ではなく、専門家として知りたい、理解したい、という対象になると思います。そうやってこどもを見る目が養われていき、アンテナを常に張る

姿が日常になると、実習や職場体験に来た学生にもそれが伝わり、「園の先生たち、本当にこどもの姿について楽しそうに話していた」「保育って楽しいんだ」ということが伝わる機会にもなり得ます。また、保護者が園の先生や保育に心を惹かれて保育士資格をとって就職をする、というケースを聞いたこともあります。身近で見ていていい仕事だな、楽しそうだな、と思われたのですね。

保育を見たときに、ここで働きたい、ここで自分も成長したい、ということが伝わるような保育や組織であれば心配はないのです。

編集部 国や制度で進めていく課題はあるが、園単位でもできることはたくさんある、ということですね。

相談事例5のポイント

- 保育の質を高めようと努力している園には人が集まる。
- こどもの育ちを語り合い、学び合い、育ち合う組織にすることで、保育の仕事の魅力は広がり伝わっていく。

5章

保育の質を高めるために

― 4つの園の取り組みから考える ―

保育の質を高めるため、さまざまな取り組みを
行っている4園の実践を紹介します。
よりよい保育を目指していくための
ヒントがたくさん詰まっています。

保育の質の向上のため継続的に学ぶ

社会福祉法人つくし会
つくし保育園（群馬県 太田市）0〜5歳児、定員120名

群馬県太田市にあるつくし保育園は外部から専門の講師を招き、園内研修を継続的に行っています。また、職員自身が講師となって研修を行うといった取り組みも行っています。

活発な学びを通して保育の質の向上を常に目指す取り組みやその思いを加賀谷隆真園長にうかがいました。

一斉保育から主体性を大切にした保育へ

つくし保育園では、毎月1回、お昼寝の時間に園内研修を行っています。研修ではこどもの主体性を大切にした保育について、学びを深めています。そのなかでこどもたち一人ひとりの声をよりしっかりと聴くためには、一斉の保育では難しい、という気づきがありました。

そこで、1クラス30名のこどもを6名の保育士が担当していた1歳児クラスを、15人のこどもを3名の保育士が担当する2クラスに分けました。クラスを分けたことでさまざまな変化がありましたが、一番感じていることは、先生たちが発する大きな声がなくなったことです。

先生たちも一生懸命保育をした結果の大きな声だったと思うのですが、大人がいつも大きな声を出さなくてはいけないという状況は、こどもにとって心地のよい環境ではありませんでした。どうすればこのような状況を根本的になくし、保育の質を向上できるのか……と考えたとき、エビデンス（根拠）をもった専門の先生から継続的にみんなで学んでいくことが有効だと思ったのです。

園内研修を通し、学びや交流が生まれる

　園内で研修を行えば、ほぼ全員の職員が同じ研修を受けられるメリットがあります。一人が受けた研修の報告書を回覧するより、同じ時間に同じ研修を受け、さまざまな意見を交わすことの方が、体感的な学びにつながることは明らかでした。

　そして、せっかく専門の先生をお招きして学ぶのであれば、と近くの他法人の園さんに「いっしょに勉強をしませんか」とお声がけしてみました。すると他園の先生方も参加してくれるようになり、結果的に交流が生まれる機会にもなりました。

　研修後には、お茶やお菓子を用意して参加者でフランクに話す時間を設けているのですが、これがとてもよく、他園の情報を聞けたり、若手とベテランの垣根を越えた対話が生まれたりしています。

研修は継続することが大切

　研修で大切なことは、単発で終わるのではなく、継続することだと考えています。得た知識を保育のなかで実践しようとすると、きっと頭で思い描いていた通りにはならないと思います。そんなとき、定期的に学ぶ機会があることで、理論が実践になり、保育の質の向上につながっていくのだと思います。「受けて終わり」の受け身の研修にはしたくないですね。

　そのために、保育者自身が講師となった研修も行っています。研修のテーマはICTやSDGsなど、保育の分野以外のことを取り上げることもあります。そうすることで、講師担当の保育者の見地が広がることも期待しています。また、受ける側も感覚が近く、共通言語も多い同僚保育者が講師をすることで、内容がスッと頭に入っているようにも思います。

保育者自身が講師となった研修も行っている

クラスの孤立化を防ぐため、ビジネスチャットの導入

コロナ禍で他のクラスと今までのように交流ができなかった時期にはビジネスチャット[※]を使用して、情報を共有するようにしていました。他のクラスがなにをやっているのかわからない、情報が共有できない、となると関係がギスギスすることもあると思います。そういったことを防止するためにも、ビジネスチャットを導入してよかったと思います。「うちのクラス、今これで困っています」ということを気軽に送ることができ、「手伝えることありますか」というレスポンスがある。こんなやりとりを

（※）ビジネスチャット：ノートパソコンやスマートフォンやタブレットなど、モバイル端末でも利用できるチャット機能が備わったコミュニケーションツール。

コロナ禍でも行うことができました。

それぞれのクラスが孤立する、ということはコロナ禍であってもコロナ禍でなくても起きる恐れはあると思います。管理職は常にアンテナを張って、どうすれば連携がとりやすく、風通しのよい職場環境をつくれるかを考えなくてはいけないと思います。

情報を共有することで、風通しのよい職場環境へ

一人ひとりが考える集団であってほしい

昨今の「不適切な保育」の報道で思うことは、決定権をもつリーダーのコンプライアンス（企業や個人が法令や社会的ルールを守ること）意識の欠如です。その欠如が「不適切な保育」につながっているのではないか、ということを感じています。それはこどもに関することだけでなく、働く職員に対してもです。「こどものため」といったことを建前に、職員が定時退社できない、年次有給休暇の取得ができない、とい

った職場環境を放置している保育現場は少なくないように思います。

わたしたちが目指しているのは、こども・保護者・職員にとってよいバランスのとれた園です。そして、職員一人ひとりが考えることができる集団です。学び続けていくことで自分の思考を巡らせ、保育の質の向上につなげる。そういったよい循環をつくって「不適切な保育」を遠ざけていきたいと考えています。

現場の保育者の声（1歳児クラス担任保育士より）

　「不適切な保育」の報道があったとき、世間の動揺と私たち保育者には少し温度差があるように感じたのが正直な思いです。保育の世界に長くいると、悲しいですがそのような話をまったく聞かないこともないため、「こんなことはあり得ない！」ではありませんでした。だからこそ私たちは自分たちを律したり、学んだりして各個人のレベルを上げる必要があると感じています。

　また、保育者自身が追い詰められず、心に余裕をもつことも本当に大事だと思います。当園では現在、ICT導入による作業の負担軽減や年次有給休暇の取得のしやすさ等、環境の整備により物理的にも精神的にも余裕が生まれました。ただ、単純に仕事を楽にすることが目的ではないということを忘れず、そこに生まれた余裕で、こどもや保護者とていねいに向き合ったり、自分の学びにつなげていくための工夫を今後も行っていきたいと思います。

矢藤先生より

　こどもも保育者も大切にしながら、「職員一人ひとりが考えることができる集団」を目指すというマネジメントの意義を示している事例です。一人ひとりが「学び続けていくことで自分の思考を巡らせる」ことができる組織にしていくことで、「不適切な保育」を「遠ざける」というアプローチの有効性がうかがわれます。「不適切な保育をしないように」というより、一人ひとりが自ら考えて「保育の質を高めよう」とする姿勢を共有していることが大切です。

　一部の報道に対して、「こんなことはあり得ない」などと他人事ではなく、自分事や私達事として真摯に対峙する風土が生まれています。「こどものために」と自己満足や自己犠牲の罠に落ちずに、「こどもにとって」と「こども事」を対等に目線を合わせて考えて対話することが、真のコンプライアンスになります。だからこそ、「大人がいつも大きな声を出さなくてはいけない状況」など、こどもにとって好影響ではないことに違和感を感じ、実際に改善がなされたのでしょう。

関山先生より

不適切な保育の早期発見・防止につながる仕組みをつくる

社会福祉法人わかたけ会
わかたけかなえ保育園（東京都 板橋区）0〜5歳児、定員70名

東京都板橋区にある、わかたけかなえ保育園では世間で「不適切な保育」がいわれ始めるよりいち早く、独自のガイドラインを設けるなど、不適切な保育を防ぐための取り組みを行ってきました。

社会福祉士の資格をもち、東京男性保育者連絡会の事務局長も務める、山本慎介園長にお話をうかがいました。

ガイドラインを策定した経緯

2017年1月、当時の千葉市長による保育士の働き方に関する発言から、男性保育士の働き方について大きな議論が巻き起こりました。

------男性保育士が女児の世話をすることが性犯罪につながるのでは？

------いや。そこで男性保育士を排除するのは男性差別なのでは？

など

この議論をきっかけに、今まで行っていた対策を明文化したガイドラインを作成することとなりました。ガイドラインの中身としては、男性保育士の問題だけに焦点を当てたものではなく、広く園での虐待や犯罪を防ぎ、園児が被害者になることがないようなものとしました。

「乳幼児の犯罪被害防止についての方針と実施内容」という表題で当園のHPにアクセスすれば、だれでも閲覧可能です。

自園ガイドラインの存在が、虐待や事故の予防にも

　2022年にはさらにガイドラインの見直しを行い、虐待等・不適切な保育の防止策に加え、万が一起きてしまったときにどうするかまでを可視化しました。例えば「発見者は、見解の相違などを考慮せず、その場で指摘し即時中止を求める。指摘を受けた当事者は、自身の考えによらず当該行為を即時中止する」「発見者は、職員同士の指摘や指導で済ませることなく、園長への報告を必須とする」といった内容で、職員が具体的に動くことができるような中身にしています。

　また、職員だけでなく「園長は、判明した直後に当該児童の保護者、続いて板橋区子ども家庭部保育サービス課、法人理事会、すべての職員の順に検証結果を報告する」というように、園長の責務を示すことも重要だと感じています。こうしたガイドラインを明確にして公開することで、よい緊張感が生まれ、虐待や事故の予防につながると考えています。

個人の価値観のみで保育が進まないように

　組織とは一定の共通目標を達成するために、役割や機能が分化・統合されている集団だと考えています。その組織がしっかりと機能するためには、一定のルールとマナーをもっておくことが必要です。そのためのツールとして、当園の基本的な考え方や行動を示した「職員ガイドブック」というものを作成し、職員に周知をしています。中身は行事や保育環境の考え方から連絡帳の記入のポイントなどまで幅広く記載しています。例えば連絡帳では、「『♪』『(^^)』などの表記は、相手によって使い分けるか、判断できないときは使わないようにしましょう」としています。また、怪我の報告については「怪我を負わせてしまった児童の名前を掲載したり、主語にしたりすることがないようにします」と記しています。保育を個人の価値観のみで進めないために必要なものだと考えています。

一定のルールを設け、保育が個人の価値観のみで進むことを防いでいる

クラスの風通しをよくするために

入園して間もない0歳児の保育には、安定した愛着（アタッチメント）の形成が必要です。しかしそれ以降、こどもと保育者の間に強すぎる愛着関係が生じてしまったら、ある意味私たちは失敗だと捉えています。なぜならば、限られた保育者しかそのこどもの生活介助ができない、その人がいないとクラスが回らない、といった状況がクラスを閉鎖的にさせ、不適切な保育の温床につながりかねないと思うからです。

そのため、「クラス担任だけの保育ではなく、70人のこどもを32人の職員全員で見ていく」を旨として、他のクラスの担任が別のクラスの保育に入るなど、担任の偏りをなくし、こどもの成長過程を園全体で追う取り組みを行っています。たくさんの目が入ることで、クラスを閉鎖的にせず、風通しをよくしたいというねらいがあります。また、こどもたちにも、特定の価値観や手法、年齢、性別に偏らない多様な大人との出会いや交流を通して、自分の世界を広げていってほしいという思いもあります。

さまざまな大人との交流を大切にしている

指針に沿った保育を行うため、経営の努力は欠かせない

当園では、「業務の負担を減らすため」ではなく、「必要な業務をできるようにするため」という目的で、70名の定員に対し、120名定員相当の職員数を確保しています。保育所保育指針にあるような保育を実現するためには、それだけの職員が必要だと思ったからです。保育士が現場で指針に沿った保育を行うために環境をつくるのは、経営者の役割だと思います。そのためにも、どのような補助金や助成金の交付があるのか、情報は能動的に探し最大でとれるようにするなど、経営の努力を行っています。

不適切な保育は保育士の配置基準が変わればなくなると、単純に考えてはいません。個人の倫理観・知識・技術のうち、いずれか、またはすべての不足により起きることだと思うので、組織的な対策などによって、その不足を埋めることが必要だと感じています。人が増えた分、その余力でなにができるかが大事ではないでしょうか。

現場の保育者の声（2歳児クラス担任保育士より）

　不適切な保育は、知識がないことによって起きてしまうということを日々の研修や会議のなかで学んでいます。例えば、あそびや生活のなかでこどものやる気につながれば、と思ってかけた言葉が不適切な保育につながりかねないことも知りました。ただ、こどもの個性によって言葉の受けとめ方も変わるので、全員に同じ言葉をかければいいとも思ってはいません。

　その点でいうと、当園ではNGの基準がさまざまな点において明確なので、助かっている部分があります。「こうしなければいけない」といったガチガチのマニュアルではなく、「これはしない」というラインが明確なので、職員の底上げができつつ、こどもの個性を大切にした保育を考えることができる環境にあると感じています。

矢藤先生より

　「乳幼児の犯罪被害防止についての方針と実施内容」を作成して、自分たちが大切にしていることを形にし、共有し、社会にも発信することで、開かれた取り組みとし、保育実践を自ら律し、高める基盤としています。個人の考えでなく保育者という専門家としての知識等で保育を営んでいくという専門職・専門機関としての姿勢を保ちつつ、問題を起こり得ることと捉えて対応を計画するというところに専門機関としての責任感がうかがわれます。

　ガイドライン等は遵守するだけでなく、ガイドライン等を超えようと改定することで、園の実情に応じた活きた具体的な手引きとなります。万が一の時にも抱え込まず迅速に、保育の質を保障し、改善できます。例えば、「その場で指摘し即時中止を求める」「即時中止する」「園長への報告を必須とする」「園長はA、B、Cの順に検証結果を報告する」など、実務的なガイドラインの園内外への公開は、よい緊張感と安心感をもたらし、こどもの多面的理解に貢献していることでしょう。

関山先生より

職員の笑顔がこどもの笑顔につながる

社会福祉法人山ゆり会
まつやま大宮保育園（茨城県 龍ケ崎市）0〜5歳児、定員60名

　茨城県龍ケ崎市にあるまつやま大宮保育園は、こどもも保護者も「遠くても、通いたい保育園。®」のコンセプト通り園児の10％以上が市外から通園しています。また、保育士の配置基準は国の1.5倍。

　どうやってこのような取り組みを実現しているのか、現在理事長を務めている松山圭一郎先生にお話をうかがいました。

「保育現場の常識」が「社会の非常識」になっていないか

　現在、理事長を務めている私（松山先生）が前職から現在の法人に入職したタイミングで、働く職員の声を聴き、その声に徹底的に応えるように取り組みを進めていきました。

　実際に働く保育者を見て感じたことは、保育現場の常識が社会の非常識になっていないか、ということでした。例えば"こどものために"と自らを犠牲にして休憩や年次有給休暇が取れていない状況、さまざま

な書類の手書き文化、働く職員のキャリアプラン（自分の目指す仕事や働き方を実現するための計画）の立てづらさ、などです。これではどんなにいい保育を行っていても、職員が疲弊し、持続可能な園運営が難しいと感じました。

　当初の面談時、「自分のこどもはこの園に入れたいけど、自分自身が働き続けるのは難しい」というような職員の声があったことを今でもよく思い出します。

保育士の配置は国の基準の1.5倍

　まず行ったのは、就業規則の抜本的な見直しです。保育業界専門の社労士さんにも入ってもらい、半年単位でアップデートを繰り返してきました。

　シンプルに職員みんなが求めている休憩や年次有給休暇を、当たり前に取得してもらおうと思うと、保育士の配置基準が国の1.5倍になった、という結果です。これは1.5倍にしようと思ってした訳ではなく、現場保育者の声を聴いて応えた結果の数字です。年次有給休暇の取得率も現在99.6％までになりました（2023年度）。

　この状態にもってくるまで、国や自治体のさまざまな加算や補助金などを徹底的に調べ、活用し、さまざまな事業に取り組むことで、人を雇用できる財源の確保を行うようにしています。

「否定語の禁止」の取り組み

　これは2017年頃から取り組んできたことなのですが、「否定語の禁止」という決まりを打ち出しました。それはこどもたちの自己肯定感を育むためには、あたたかで豊かなポジティブな言葉が大切だと思ったからです。

　例えば「廊下を走っちゃだめ」を「廊下は歩いてね」に。「だめでしょ」を「わたしは悲しいよ」「わたしは残念に思うよ」といった保育者のI（自分）メッセージに変換するといった具合です。

　初めは困惑していた保育者も多くいました。しかし、取り組みを続けているうちに明らかにこどもたちに笑顔が増え、「今日も保育園行く！」「楽しかった！」となっていったわけです。そうなると保護者も安心し、保育者や園の取り組みを評価してもらえ、より一層取り組みに励む、というよい循環が生まれるようになりました。

「否定語の禁止」に取り組んだことで、こどもの笑顔が明らかに増えた

「保育参加」のススメ

多くの園では日頃の保育を保護者が見る機会として「保育参観」が設けられていると思います。まつやま保育園グループでは「参観」ではなく、保育の「参加」を保護者にお願いしています。それは、朝から夕方まで丸1日、自分のこどもがいるクラスに入ってもらう取り組みです。

これは保護者と保育者の相互理解を深めたり、参加した保護者の声を聴いて園運営に役立てたりする機会にもなっています。また、保育をオープンにすることにもつながっていると思います。ほぼ毎日どこかのクラスで保育参加が行われている状況なので、なにか隠すようなことはとてもじゃないけどできません（笑）。

保育参加は保護者にも好評

保育者自身にも見通しが必要

こどもたちの発達に見通しが必要なように、保育者自身も自分の仕事や生活に見通しがもてることがウェルビーイング（心身ともに満たされた健康で幸せな状態）につながると思っています。なにを目指していくかわからない状態は行き当たりばったりで、不安を抱きやすくなると思います。

そういったことをクリアにしてもらうためにも、処遇の見える化（何年働けばどのくらい給与がもらえるか）を行っています。このような形を示すことで、保育者は先を目指す動機づけにもなりますし、管理職はもらっている分、しっかりと自分の仕事や役割を果たす、といういい緊張感が生まれていると思い、取り組んでいます。

隠し事をせずオープンにすることで風通しがよくなる。これは保育の面でも経営の面でも同じ姿勢で行っています。

現場の保育者の声（3・4・5歳児クラス担任保育士）

「不適切な保育」は、精神的にも肉体的にも保育者の余裕がないことで起きてしまうことがあるのでは、と感じています。当法人では国の配置基準より手厚くしてもらっていることで、休憩や年次有給休暇が取りやすくなりました。また、給与面の見える化は働くモチベーションにもつながっています。

保育参加に関しては、ためらう園さんは多くあると思います。しかし、私たちは普段の保育に保護者が入ってもらった方が、その後の保育がとてもやりやすくなっていると感じています。なぜならば、自分たちが行っていることを言葉で伝えるよりも、実際に体験してもらった方が保護者の理解度も深まり、信頼関係も築けるからです。個人的な意見になりますが、今は保育"参観"の方が大変だな、って感じています（笑）。

矢藤先生より

社会保険労務士という外部の専門家の知恵を生かして職員の働き方に配慮することが職員を大切にしているというメッセージになっています。また「否定語の禁止」など具体的でささやかな行動の変容を促すことで、こどもたちの笑顔が増え、保育の質が向上しつつあることがうかがわれます。そうした試行錯誤も含めて保護者と保育を共有することが、こどもを主役にし、保護者を仲間にし、ともにこどもを育む大人たちのチーム力を豊かにしています。

否定語を禁止すると、こどもが笑顔になり、保護者も笑顔で参加できるなど、当事者みんなのなかにあたたかさが循環するとわかります。保育所保育指針解説にあるように、こどもは「否定的に評価されることが多いと心を閉ざし、屈折した形で気持ちを表現するようになる」し、「肯定的な気分の時の方が他者に対して思いやりのある行動をしやすい」ものです。笑顔は肯定的な非言語表現となります。「肯定する行為」は、「肯定する行為ではない行為」に気づきやすくなります。こどもの笑顔の量と質にウソはないでしょう。

関山先生より

毎日の対話のなかで保育の質を高める

社会福祉法人童和福祉会
認定こども園 童和こども園（兵庫県 養父市）0〜5歳児、定員50名

兵庫県養父市にある童和こども園は「心を育てる、目に見えないものをたいせつに」という教育・保育方針のもと、こどもが主体となった豊富な体験を保育に取り入れています。

特別なことではなく、日々の生活を大切にし、職員同士の対話から保育の質の向上につながったお話を西本厚文園長と主任の坂中ゆかり先生にうかがいました。

コロナをきっかけに、行事や園生活の見直し

当園の大きな変化からお話しすると、2020年コロナ禍をきっかけに、今まで当たり前のように行われてきた、運動会や発表会などの行事を見直したことがあります。見直しの大きな理由は、教育・保育要領に書かれてあるような保育と、それまで行っていた行事のあり方に違和感が生まれていたからです。大きな規模の行事となると、どうしても「こどもになにかをさせる会」のようになってしまうことが気になっていました。そのような大きな行事のなかではなく、わたしたちはささやかな日常の生活のなかでのこどもの育ちの方を大切にしたいと思ったのです。

だからといって行事を完全になくしたわけではありません。それまでのあり方を見直し、日常の保育のなかで楽しめる規模で、こどもも大人も負担にならないような形に変えるようにしました。そのため今は運動会であれば、平日のこどもたちが全員登園している日に、2日にわたって開催しています。保護者にも行事の見直しについての説明会を開きましたが、反発はなく快諾していただいたことは、今もとても感謝しています。

こども主体を実現するために

　もうひとつ、当園の大きな特徴は、「クラス」という形がとてもゆるやかだということです。異年齢保育ともまた少し違うのですが、43名（2024年6月現在）の園児を全職員で連携をとりながらみている、という状態です。そのうえで、こどもたちの自発的な遊びを大切にするため、園内の行きたいと思うところに自分の意志で行き、遊びたいと思うものを自分で選択して遊べるようにしています。

　こどもの主体性を遊びのなかで保障するためには、保育者の連携は欠かせません。こどもの情報を共有したり、「〇〇ちゃん外出ます」など声をかけ合ったりということは日常で行っています。

　このような保育の形に変えたことが功を奏したのか、こども同士のかみつきやひっかきがグンと減り、今ではほぼありません。それは自分で遊べたり使えたりするスペースが広がり、選択肢もたくさんある環境が関係しているのではないかと思うのです。

地域の居場所としての園

　こどもの主体性を大切にした保育が成熟していくと、自然と保育者の主体性もメキメキ発揮されるようになり、さまざまな提案をしてくれるようになりました。そのひとつが、こどもたちが地域の方や保護者といっしょにクッキングや食事をする「どうわ食堂」です。また、地域の農家さんといっしょにこどもたちが園で育てた野菜を販売する「とれたて市」というイベントも、保育者の発案から生まれたアイデアであり大好評です。

　最近考えることは、園が地域の心地のよい居場所として存在することです。地域の大人たちと子育てをする家庭、そして保育がつながることで、それぞれのよさが引き出される地域交流の場であることが、園の役割としてとても重要であるように感じています。

地域の方にとっても園は心地のよい
居場所になっている

職員同士の対話の場「語ろう会」

こどもたちが主体の自発的な遊びのためには、大人の連携は欠かせないとお話ししましたが、その連携を深めたり情報共有の場となったりしているのが、毎日お昼すぎ（13:30くらいから14:30頃の間）に職員室を開放して行われている「語ろう会」です。絶対参加ではなく、来ることができる人が来ることができるタイミングで来てね、といった集まりです。

堅苦しい雰囲気はまったくなく、こどもたちの今日の姿や自分が感じたうれしかったこと、楽しかったことなどをざっくばらんに語り合う時間です。悩みや困りごともこの「語ろう会」で共有し、みんなの知恵やアイデアを出し合い助け合う場にもなっています。

対話を通して保育の質の向上は目指せる

保育の質の向上を目指すとき、本を読んだり、研修会に行ったり、さまざまな方法があると思うのですが、わたしたちは毎日行っている「語ろう会」のような対話のなかで、質の向上は十分に目指すことができると確信しました。

対話を行うことで、自分とは異なるさまざまな考え方や保育観を学ぶことができます。その学びを日々の保育のなかで実践し、また語ろう会で振り返り、新たな実践へとつなげる……。そのサイクルがいつの間にか自然とできていました。園長と主任でよく話すのですが、うちの園は毎日が公開保育のようだねと(笑)。

とはいえ、今のいい状態がなにもせず維持できるとは思っていません。まだわからないことも多くありますし、常に勉強をし続けることがこれからも必要だと考えています。

「語ろう会」は知恵やアイデアを出す場にもなっている

現場の保育者の声（４・５歳児クラス担任保育士）

「不適切な保育」の報道が出たとき、こどもの声を聴いてその思いに応えることを大事にしていけば、「不適切」といわれるようなことは起きないのでは、と思いました。例えば今ちょうどランチタイムに入っていますが、まだ園庭で遊びたい、というこどもが一人いて、保育者も一人付き添っていっしょにいます。当園ではランチタイムに時間の幅を設けているので、無理に部屋に入らせる、食べさせる、といったことは起きません。こどものなにを大事にしたいか、ということを園全体で共有していることで対応は大きく変わるように思います。うちは必要だと思えば主任だって園長だって当たり前のように保育に入りますし（笑）。

「語ろう会」は雑談になることもしばしばですが、なんでも言い合える安心感と信頼感がそんな何気ない話のなかでつくられているようにも感じています。

矢藤先生より

「こどもの声を聴いてその思いに応えることを大事にしていけば、『不適切』といわれるようなことは起きない」という姿勢が共有されていることが園の保育実践の基盤となっていることがうかがわれます。保育のあり方を問い直し、こどもにとっても大人にとっても居場所となるよう対話が大切にされています。こどもを大切にする保育者を育てるために、保育者の思いを大切にする組織マネジメントが実践されていることがわかります。

「こどものなにを大事にしたいか」という問いかけからビジョンやミッションなどが園全体で自然な共有が促され、「ささやかな日常のなかでのこどもの育ちを大切にしたい」思いや行動が引き出されています。こどもの姿をいきいきと語り合う先生に囲まれたこどもたちは、さぞかしうれしく楽しいことでしょう。「対等な対話」にもなりやすいです。ポイントのひとつは、こどもたちに対してこどもたちがわかる情報があり、選択肢が複数用意され、他の可能性も想像できることです。一択しかない選択肢のなかで、ムリをする必要がないのです。ここにはこどもの声があります。

関山先生より

おわりに

　本書は構想段階から編集部と議論して練ったというものではなく、「不適切な保育」について書けないかと打診を受けた段階で、すでに企画はスタートしており、取材が進んでいたという状況であった。

　筆者（矢藤）としてはタイトルのような『「不適切な保育」を防ぐ！』という発想があまりなく、質の低い保育が「不適切な保育」あるいは「虐待」への道の起点になってしまうという論理から、また園のみんなでこどもの最善の利益を目指して実践を楽しみ、学び合って保育の質を高めていけば、「不適切な保育」や「虐待」のリスクを極小化し得るという論理や実際の園内研修の経験から、保育の質の向上、とりわけそれを組織的に進めることこそ「不適切な保育」を防ぐはずだと考えている。「攻撃は最大の防御」というわけである。

　しかし、編集部との話し合いのなかで、それを読者が理解して取り組むためにも、まずは「不適切な保育」というわかるようなわからないような幻影をひとまずできれば客観的に共有し、不安に苛まれている保育者に、いざというときの対処方法を提示することが、安心を基盤とした試行錯誤にもつながるということにも合点がいき、提案されたタイトルも受け入れて、進めることにした。

　その際、法や制度とその解釈あるいは実際の対処方法等をより正確なものとするため、尊敬する社会保険労務士の関山浩司さんにお力添えをお願いし、素晴らしい仕事をしていただいて私自身本当に勉強になった。また本文の作成に当たっては、チャイルド本社の川波晴日さんと何度もオンラインで打合せをしたりインタビュー形式でこちらの考えを引き出してもらったりした。私のなかでの葛藤や逡巡から執筆内容がなかなか確かな形にならず、お二人には迷惑をかけたことをお詫びしたい。とともに、辛抱強く伴走してくださったことでなんとか形にできた。ここに記して感謝したい。

　本書が専門職である保育者のみなさんが実践を省察するための材料のひとつとなり、また応援となりますように。

2024年12月

矢藤誠慈郎

素敵な○○先生へ

　今日も一日ありがとうございました。ともにがんばりました。今日はどんな一日でしたか。こどもたちの様子はどうでしたか。そして先生はどんな瞬間がうれしく楽しかったですか。

　その時その場所にあの子やこどもたちがいてもいなくても、目や耳や心を澄ませば、たくさんの元気や勇気ややさしさをあの子やこどもたちが送ってくれているのが感じられるでしょう。もしそうであれば、そのまま前に向かって今を味わってください。その姿がやがては他の先生の琴線に触れて響き渡り共鳴し、まわりの様子もよりよくかわっていきます。もしもヘンな感じがどこかにあれば後ろを振り返り、そして前に振り向いていきましょう。独りぼっちではなくだれかと手をつなぎ、みんなで力を合わせましょう。

　おそらく先生を困らせ悩ませるものは、不適切というより未適切な状態です。保育の質の高まりのうねりのなかでまだ適切じゃないだけです。先生が描いているこどもの最善の利益の在り方とのギャップがある状態といえます。こどもの立場から見て、「あれしたい」「おねがいなんだけど」「いいことおもいついたよ」などといったのびしろがまだまだあるということです。そんなときは先生やこどもやみんなのいいところを土台にして、「こどもにとって」を合言葉に手を差し伸べ合いましょう。同時にこどもたちにとってより望ましい状態（ゴール）から今の状態を逆算することで、よりクリアな道筋（プロセス）を見ようとしてみましょう。そうやって保育はおりおりのときのなかで社会を支え連綿と紡がれてきました。

　こどもたちの今の現実社会、そして未来社会のゴールは、先生のイメージのなかにあります。こどもたちからいきいきとした生きたデータを集めながら、ありありと一人ひとりの子が育ちゆく姿や社会や世界をイメージしてみてください。きっと先生の今のプロセスがより輝きを放ち、いろいろな力が集まります。よろこびもたのしさも増していきます。○○先生なら大丈夫です。そう信じています。

2024年12月

関山浩司

著者

矢藤誠慈郎

和洋女子大学教授。養成から現職を見通した保育者の専門性の開発、保育における組織マネジメント・リーダーシップ等を中心に研究を続ける。日本保育学会評議員、日本保育者養成教育学会理事、全国保育士養成協議会常務理事。著書に『保育の質を高めるチームづくり―園と保育者の成長を支える』わかば社、等。

関山浩司

社会保険労務士法人こどものそら舎代表。保育士・社会保険労務士・中小企業診断士の視点から、保育施設の労務管理、運営管理に専門特化した支援はもとより、こどもの人権擁護・こどもの権利・第三者評価・マネジメント等を研究している。著書に『事例とワークで考える こどもの権利を大切にする保育：不適切な保育等を予防・解決する園づくり』中央法規、等。

本文・装丁デザイン	Yoshi-des.
カバー・本文イラスト	さいとうあずみ
本文校正	有限会社 くすのき舎
編集協力（P.82〜85）	安福容子
編集	川波晴日

保育の質を高めて「不適切な保育」を防ぐ！
―相談事例と園の取り組みから考える―

2025年3月　初版第1刷発行

著者	矢藤誠慈郎・関山浩司
発行人	大橋 潤
編集人	竹久美紀
発行所	株式会社チャイルド本社
	〒112-8512 東京都文京区小石川5-24-21
	電話　03-3813-2141（営業）
	03-3813-9445（編集）
振替	00100-4-38410
印刷・製本	共同印刷株式会社

チャイルド本社のウェブサイト
https://www.childbook.co.jp
チャイルドブックや保育図書の情報が盛りだくさん。どうぞご利用ください。